# Chapitre

*À Ugo et Léo, mes héros extraordinaires de la vie ordinaire.*
*À Frédéric, toujours mon premier lecteur.*
*À mes parents, quelques clefs pour résoudre l'énigme.*
*Pour Patrick. Tant de regrets. Une pensée chaque jour.*



ISBN : 978-2-02-096568-2
N° : 096568-1

Sylviane Doise

# LA MALÉDICTION DE JACK L'ÉVENTREUR

Seuil jeunesse

## Pourquoi j'ai écrit ce livre…

*Quelle force pousse les assassins à commettre leurs crimes ?*
*Pourquoi fait-on le Mal plutôt que le Bien ?*
*Jack l'Éventreur était-il un fou ? Un démon échappé de l'Enfer ? Un monstre surgi des profondeurs de la Tamise ? Ou juste un homme, comme nous ?*
*Jack a-t-il choisi son sanguinaire destin ?*
*Je me suis souvent posé ces questions.*
*Alors j'ai voulu que mes héros, Arthur et Luc Céracq, y apportent des réponses, qu'ils choisissent leur camp : le Bien ou le Mal.*
*Et à travers eux, jeune lecteur, c'est toi désormais que je mets à l'épreuve : lorsque viendra l'heure de ta rencontre avec Jack l'Éventreur, au fond de cette ruelle sombre, par une nuit sans lune… Lorsque Jack plongera son regard perçant dans ton cœur, ce sera à ton tour de choisir ton camp… et ton destin.*

Sylviane Doise

# 1

# L'HEURE OÙ LES VAMPIRES VONT BOIRE

Avant de quitter son lit bien chaud, Arthur Céracq regarda son réveil. Les chiffres vert fluorescent indiquaient 00 h 00 : l'heure où les vampires vont boire… C'était dangereux de se lever et de se promener dans la maison. Mais c'était encore plus risqué de rester dans le lit à attendre qu'*Il* surgisse de derrière les rideaux, armé de son long couteau taché de sang.

Cette dernière pensée acheva de décider le jeune garçon. Il enfila sa veste de pyjama, puis se hâta vers la chambre de son grand frère, Luc.

Sous les pieds d'Arthur Céracq, le couloir était long et glacial.

Vite, il grimpa à l'échelle du lit où dormait son aîné. Il n'osa pas se retourner, mais il lui sembla que quelque chose lui effleurait la cheville.

En veillant à ne pas écraser son frère, Arthur se glissa entre Luc et le mur froid, puis s'installa sous la couette. Il respirait les mains plaquées sur le visage ; les battements de son cœur cognaient dans ses oreilles.

Par-delà la porte de la chambre, Arthur chercha des yeux la veilleuse que Juliet, sa mère, laissait tout le temps branchée. Son sang se figea : cette nuit-là, aucune lumière ne dissipait les ténèbres.

Le lendemain, pendant le petit déjeuner, Arthur raconta son cauchemar à Luc. Il décrivait une ville où les volets restaient clos ; le brouillard s'enroulait autour des réverbères, comme des serpents de fumée ; des corbeaux s'élançaient du haut des ponts, flèches sombres tirées par d'invisibles archers ; le vent tourmentait les branches des chênes et des peupliers.

– C'est la nuit et je suis tout seul, murmura Arthur en remuant ses céréales. J'essaie d'appeler au secours, j'ouvre la bouche mais aucun mot ne sort… Tout à coup j'entends des bruits de pas. Ça fait clac !, clac !, clac !, ça se rapproche… Je me cache dans une ruelle, je m'accroupis derrière une poubelle, un rat détale en couinant…

Arthur regardait droit devant lui, les yeux écarquillés, revivant son rêve avec précision.

– Et alors ? interrogea Luc en cessant de mastiquer sa tartine.

– … Un type passe à quelques mètres de moi… Il est immense, il est habillé tout en noir. J'ai tellement peur que je n'arrive plus à respirer… Il fait un signe, il agite son gant, une diligence s'arrête devant lui, la portière s'ouvre toute seule et… C'est trop horrible !

Arthur avait posé les mains sur ses yeux.

– Qu'est-ce que tu vois ? Dis-moi ! s'impatienta Luc.

– Je ne vois rien, je ne vois rien du tout, s'énerva Arthur. Mais j'entends ! Des cris d'enfants ! Ils sont prisonniers dans la diligence et ils hurlent !

Arthur semblait terrifié ; il fixait son grand frère comme s'il attendait un miracle.

– Tu as encore joué à *Resident Evil* en cachette ? Je t'ai déjà prévenu que ce jeu est interdit aux moins de seize ans, le sermonna Luc.

La porte de la cuisine s'ouvrit en bourrasque. Juliet Céracq apparut, sac photo en bandoulière et cheveux encore humides :

– Je file mes chéris, dit-elle en embrassant ses fils. Qu'est-ce que j'ai fait des clefs, moi… Luc, le chèque pour la cantine est sur le bureau de l'entrée… Satanées clefs, je les avais à la main il y a une minute…

– Elles sont là, maman ! s'exclama Arthur. Regarde, à côté de la télé.

– Oh merci ! répondit Juliet. Je dois interviewer un champion de boxe, j'espère qu'il sera de bonne humeur… À ce soir !

À peine la porte d'entrée avait-elle claqué que Juliet réapparaissait, écarlate :

– J'ai laissé mon bloc dans la chambre, expliqua-t-elle en passant en trombe… Mon stylo, mes lunettes… Si vous avez un souci, appelez sur mon portable, ajouta-t-elle en repartant…

Le silence retomba. Et comme tous les matins, Luc, 13 ans et Arthur, 11 ans dans cinq semaines, ne se posèrent pas la question de savoir si leur mère était tout à fait normale.

Après avoir rangé les bols dans le lave-vaisselle, Luc vérifia qu'il ne lui manquait rien pour les cours de la journée. Il était en quatrième.

– J'ai contrôle de maths… J'espère que je ne vais pas me payer un carton, remarqua-t-il en passant les bretelles de son sac à dos, lourd comme un menhir.

Il s'agissait de démontrer que, dans sa vie de grand, les réalités étaient plus angoissantes que des cauchemars de gamin. Luc ouvrit la porte de l'appartement, puis il appela l'ascenseur. Il montait dedans lorsque Arthur sortit en chaussettes sur le palier ; il attrapa son frère par la manche.

– Je vais être en retard, râla l'aîné.

– Maman est en danger, chuchota Arthur.

Luc tressaillit et fit un pas hors de l'ascenseur :

– C'est quoi encore cette salade ?

– C'est vrai ! Je te jure ! Le type dans mon rêve m'a parlé. Il a dit que si je ne partais pas avec lui, c'est maman qu'il viendra chercher. Et il l'emmènera… Pour toujours !

Arthur claqua la porte de l'ascenseur.

Quelques secondes plus tard, Luc se retrouva dans la rue, un peu étourdi. Il tombait une pluie fine et froide, il remonta le col de son blouson. Lorsque son ami Nicolas lui tapa sur l'épaule, il ne put s'empêcher de sursauter en criant.

# 2

## QUAND LA VIE NE FAIT PAS DE CADEAU

Toute la journée, Luc avait eu du mal à se concentrer sur ses cours : Arthur disait-il la vérité ou avait-il tout inventé ?

Depuis quelques semaines, les deux garçons ne parlaient plus la même langue. À peine rentré du collège, Luc claquait la porte de sa chambre pour faire ses devoirs « tranquille ! », hurlait-il. À table, la bouche pleine et ouverte, il parlait tout le temps de ses « potes ». Il snobait les dessins animés, discutait pendant des heures de sujets mystérieux sur MSN, tuait des barbares et des monstres par milliers, écoutait la musique si fort que les voisins croyaient au déclenchement d'une attaque atomique, tenait tête à Juliet au moindre prétexte, et quand Arthur lui proposait une partie de Monopoly, il haussait les épaules, levant les yeux au ciel d'un air méprisant.

Mais parfois aussi, Luc se rappelait que de l'autre côté du couloir se trouvait un étrange repaire, rempli de caisses de Lego, de peluches râpées, de Playmobil démembrés, de voitures sans portières, de puzzles inachevés… La chambre d'Arthur était petit à petit devenue le cimetière des jouets qu'il ne voulait plus dans la sienne. Et pour être tout à fait honnête, il avait beau être « ado » maintenant, il avait beau avoir poussé aussi vite que le haricot magique, de temps en temps…

De temps en temps, Luc traversait le fleuve impétueux du couloir : pendant quelques secondes, à la dérobée, il observait son frère allongé sur le tapis au milieu d'une armée de soldats ; il écoutait les vroum ! taratata ! ha, ha !, et son cœur pesait plus lourd dans sa poitrine. Arthur se retournait, un magnifique sourire éclairant son visage : « On joue ? », demandait-il, plein d'espoir.

Déguisé en chevalier, magicien ou guerrier de l'espace, le monde se remettait enfin à tourner sur l'axe des pôles et dans le bon sens.

Parfois aussi, les deux garçons s'installaient côte à côte sur un lit et Luc lisait, à voix haute, des livres racontant les aventures de personnages à qui la vie n'avait pas fait de cadeau.

À eux non plus, la vie n'avait pas fait de cadeau. Les frères Céracq n'oublieraient jamais ce mercredi 17 février 2001 : ce jour-là, la croûte terrestre s'était ouverte sous leurs pas, tandis que le ciel s'écroulait sur leur tête.

C'était la fin de l'après-midi. Il avait beaucoup neigé, les bruits étaient assourdis : une main invisible avait emprisonné la ville dans une boule de verre géante. Luc était revenu éreinté de son entraînement d'escrime. En compagnie de son frère, avachis sur le canapé du salon, ils regardaient un épisode de la saga *Star Wars* pour la douzième fois, chacun récitant les dialogues du film avant même que les acteurs ne les prononcent. Dans la cuisine, Juliet préparait une quiche aux lardons.

Ils se sentaient bien. À l'abri.

On avait sonné.

– Tu peux aller ouvrir, Luc s'il te plaît… J'ai les mains pleines de farine.

– Maman… C'est William !

William Thunder était le parrain de Luc et le meilleur ami de Simon Céracq, le père des garçons. Les deux hommes étaient photographes pour le magazine *National Geographic*.

– Je suis à la cuisine, avait joyeusement crié Juliet.

William avait plongé son regard dans celui de Luc, comme s'il y cherchait une réponse que personne d'autre ne pouvait lui apporter. Il avait avancé la main vers le visage de son filleul, sans oser le toucher.

– Je dois parler à ta mère, avait-il dit. Et il avait refermé la porte de la cuisine.

Au bout de quelques secondes, un cri avait retenti. Les garçons ignoraient que leur mère pouvait crier comme *ça*. Ils s'étaient regardés un instant, avaient ouvert la porte à toute volée : William tenait Juliet dans ses bras ; il la berçait comme un enfant malade.

– Maman, qu'est-ce qu'il y a ? Pourquoi tu pleures ? avait demandé Arthur.

Juliet s'était assise, l'air égaré. Son maquillage avait coulé ; des traînées noires lui tachaient les joues, marquaient ses traits. On aurait dit une vieille mendiante.

Elle avait tendu les mains vers ses enfants ; ils s'étaient approchés avec méfiance… Les frères Céracq ne voulaient pas entendre ce que leur mère avait à leur dire… Si on n'en parlait pas, *ça* n'existerait pas, n'est-ce pas ? Ils étaient encore des enfants, on devait les laisser jouer, on devait les laisser grandir…

Juliet les avait happés. Serrés fort. Fort à les étouffer : « Papa a eu un accident… Papa est mort, mes chéris. »

William avait alors expliqué l'inexplicable : Simon réalisait un reportage sur les enfants victimes de la guerre en Sierra Leone, en Afrique ; ce jour-là, il devait rencontrer un gamin chef de bande, douze ans à peine et déjà une réputation de tueur cruel. Le rendez-vous avait été fixé dans un petit village situé à une trentaine de kilomètres de la capitale, Freetown. Simon avait loué une Jeep avec un autre journaliste et ils étaient partis sur les routes défoncées.

Les deux hommes n'étaient jamais arrivés au village ; en chemin, ils avaient été arrêtés par un barrage de pillards. Sous la menace de mitraillettes, on leur avait ordonné de descendre de voiture, de donner leur argent, leurs appareils photo… Et puis, sans raison, les brutes s'étaient mis à frapper le compagnon de Simon. À coups de botte. À coups de poing. Simon avait voulu le défendre : sans lui laisser aucune chance, les lâches l'avaient exécuté d'une balle en pleine tête.

Le père de Luc et d'Arthur était mort comme le héros d'un jeu vidéo. Mais les frères Céracq savaient bien qu'à ce jeu-là, ils avaient tout perdu.

# 3

## *IL* S'APPELLE JACK ET *IL* DIT QU'*IL* ARRIVE...

Dès qu'il était rentré du collège, Luc avait patiemment interrogé Arthur au sujet de ses cauchemars. Depuis la disparition de Simon Céracq, l'adolescent se considérait comme l'homme de la maison.

– Il veut sortir de mon rêve ! Il veut venir chez nous ! finit par lâcher Arthur, effrayé.

– Est-ce que tu le vois dans la journée ?

– Non. Il vient seulement quand je dors.

– Il ne faut plus que tu dormes, c'est le seul moyen, conclut l'aîné.

– Mais comment on va faire ?

– Écoute-moi bien…

Une fois Juliet endormie, Arthur avait rejoint son frère dans son lit. Un campement de crise y avait été établi : lampe de poche, gâteaux, Coca-Cola, DS, lecteur MP3, collection de BD…

Quelques heures passèrent. Parfois, un craquement faisait sursauter les garçons mais aucune ombre menaçante n'était venue se découper sur le mur.

À deux reprises déjà, Luc avait secoué Arthur qui s'était assoupi :

– Fais un effort sinon je te mets une gifle, avait prévenu Luc.

– Si je ne dors pas, je vais mourir, s'était plaint Arthur.

– Si tu dors, tu mourras aussi, et dans des souffrances bien plus atroces.

Mais aucune menace n'avait eu raison du sommeil qui avait vaincu, pratiquement en même temps, les deux garçons.

Au petit matin, alors que la nuit d'hiver était encore peuplée de sombres démons, Arthur s'était réveillé en sursaut et trempé de sueur :

– *Il* s'appelle Jack ! avait-il crié. *Il* s'appelle Jack et *Il* dit qu'*Il* arrive !

C'était trop grave. Arthur et Luc devaient tout raconter à leur mère.

– Elle ne va jamais nous croire, se lamenta Arthur. Elle va dire qu'on invente encore n'importe quoi pour ne pas aller à l'école.

Juliet rangeait du linge propre dans le placard de sa chambre. Ses deux fils plongèrent sur son lit, qui avança de quelques centimètres sur le parquet ciré.

– Ça va maman ? demanda Luc d'un air innocent.

– Oh ! là, là ! Je n'aime pas du tout ce ton, Luc. Tu as eu une mauvaise note ?

Juliet le fixait d'un air soupçonneux.

– Non maman, je te jure...

– Alors, tu as dépensé tout ton argent de poche et, dans ta petite tête, tu te dis que je vais te faire une avance ?

Couché sur le dos et les jambes en l'air, Arthur attrapait le bout de ses chaussettes comme s'il n'était en rien concerné par la discussion.

– Pas du tout, s'indigna Luc. C'est... Maman, tu faisais des cauchemars quand tu étais petite ?

Juliet arrêta net de plier un grand drap bleu.

– Des cauchemars ? Mais tous les enfants font des cauchemars, répondit-elle sans regarder ses fils. D'après les psys, les mauvais rêves aident à grandir.

– À condition de ne pas en mourir...

Luc avait parlé tout bas. Juliet s'assit à côté de lui et lui entoura les épaules.

– Ça ne va pas mon grand ? Tu as des soucis ?

– Ce n'est pas moi, répondit Luc en hochant la tête. C'est Arthur... Toutes les nuits il rêve d'un monstre, un type armé d'un couteau...

– *Il* s'appelle Jack, maman ! *Il* s'appelle Jack et *Il* veut me prendre... Et *Il* veut te prendre aussi !

Arthur avait lâché ses pieds pour se jeter dans les bras de sa mère.

– Mon Dieu, non ! Non !

Juliet plaqua ses mains sur sa bouche. Ce soir-là, en sondant les yeux clairs de sa mère, Luc comprit que les ombres embusquées sous le lit ou derrière les rideaux ne sont pas toujours le fruit de l'imagination.

# 4

## L'ONCLE MYSTÉRIEUX

Après s'être calmée, Juliet entama le récit le plus effroyable qu'Arthur et Luc aient jamais entendu : la véritable histoire de Jack l'Éventreur !

– J'ai un frère, qui s'appelle Michaël, avoua Juliet.

– On a un oncle ? en déduisit Luc. Pourquoi tu n'en as jamais parlé ?

– Parce qu'il est … Des larmes scintillaient dans les yeux bleus de Juliet. Parce qu'il n'est plus de ce monde.

– Il est mort… Comme papa ? demanda Arthur, désolé.

– Pas comme papa, chéri… Michaël, lui, est en enfer…

Michaël était âgé de douze ans lorsqu'il avait commencé à faire les mêmes cauchemars qu'Arthur. Toutes les nuits, Jack l'Éventreur lui rendait visite : l'assassin surgissait des brumes de Londres pour chuchoter à son oreille ses ignobles crimes ; il racontait à l'enfant comment il avait guetté de longues heures ses victimes, tapi dans l'ombre, armé de son scalpel aiguisé. Au loin, Michaël entendait distinctement sonner les cloches de Big Ben et l'atmosphère empestait le crottin de cheval… Les lampadaires jaunes aveuglaient le jeune garçon. Il appelait, il criait, mais il n'y avait jamais personne pour lui venir en aide dans les sinistres ruelles du quartier de Whitechapel.

Michaël, tout comme Arthur, n'osait plus dormir ; il avait fini par demander de l'aide à Juliet. Ensemble, ils avaient tenté de repousser les attaques du monstre. Et puis un matin, lorsque la jeune fille avait voulu réveiller son frère :

– Je l'ai secoué dans tous les sens, expliqua Juliet. Nos parents ont consulté les meilleurs médecins. Et même un exorciste.

– C'est quoi un exorciste ? demanda Arthur, très impressionné.

– Un prêtre qui a le pouvoir de chasser le diable… Mais personne n'a rien pu faire. Jack était venu chercher mon frère. Et Jack a emmené Michaël. Pour toujours !

À ces mots, Arthur sentit ses cheveux se hérisser sur sa tête. Désormais, c'était son tour ?

– Mais pourquoi s'en prend-il à notre famille ? demanda Luc

– Je n'ai pas le temps de vous expliquer, répondit Juliet en bondissant du lit. Mais je vous promets que cette fois-ci, je ne vais pas le laisser faire… Tu as entendu Jack ? Tu as entendu ignoble monstre ? cria la jeune femme en fixant le plafond. Je ne te laisserai pas enlever mon enfant ! Jamais ! Jamais !

# 5

# DÉPART POUR LES BRUMES DE LONDRES

Juliet demanda aux enfants de s'habiller.

– Mais il fait nuit, s'étonna Arthur.

– Il n'y a pas une minute à perdre ! répondit-elle en tirant une valise rangée sous le lit.

D'un geste sec, elle l'ouvrit, puis y jeta pêle-mêle pulls, chaussettes et sous-vêtements. Ensuite, elle passa un coup de fil, très bref, puis elle appela un taxi.

Luc se précipita dans sa chambre. Sur la table de nuit, il ramassa son talisman, « le cristal qui fait la vie belle » ; il s'agissait d'un éclat d'ambre doré, une pierre taillée longue d'une dizaine de centimètres. Simon le lui avait offert lors de vacances en Bretagne ; Luc venait d'avoir sept ans.

– Mon propre père me l'a donné quand j'avais ton âge, avait dit Simon, le regard perdu dans l'horizon. Cet objet est dans la famille depuis plusieurs générations.

Mon père m'a raconté comment notre aïeul, Jean Céracq, l'avait pêché au large de la Sardaigne, il y a plus de cent cinquante ans : c'était un matin, de très bonne heure. La brume nappait la surface de la mer. Jean Céracq avait jeté ses filets, mais voilà qu'ils s'étaient coincés au fond. Couteau à la ceinture, il avait plongé pour les libérer ; quelques mètres plus bas, l'eau s'était un peu assombrie, quand soudain… Le ventre blanc des requins avait réfléchi la lumière. Ils étaient une dizaine, tourbillonnant autour de Jean, gueules béantes, se rapprochant jusqu'à le frôler. Affolé, l'oxygène commençant à lui manquer, ne sachant s'il devait nager jusqu'à la surface au risque de se faire happer ou s'il fallait sortir sa lame, Jean avait cru sa dernière heure arrivée… Puis ses yeux s'étaient posés sur ce banc de corail, là ! Juste à portée de main… En son cœur rouge, palpitait une pierre d'ambre doré, une vraie larme de soleil. Sans réfléchir, Jean l'avait cueillie : comme s'ils en avaient reçu l'ordre, les squales s'étaient immobilisés. Jean était alors remonté jusqu'à la surface en battant des pieds ; les poumons en feu, il s'était hissé sur son bateau… Des années plus tard, il avait légué cette pierre magique à son aîné. Et toi aussi, Luc, un jour, tu la transmettras à ton fils. Et tu lui diras la vérité : ce talisman n'a jamais empêché que des malheurs arrivent dans nos vies, mais il nous a donné le courage de triompher de ces épreuves. Il t'aidera à devenir un homme, avait ajouté Simon en le déposant solennellement dans la main de Luc.

Tout en repensant à ces moments bénis, Luc serrait fort l'objet dont la forme effilée rappelait celle d'une lame de poignard. Le garçon contempla la photo encadrée de son père posée près du réveil. Il la prit, caressa d'un geste rapide le verre froid et la fourra dans son sac à dos :

– Papa, aide-nous, chuchota-t-il. Fais que le cristal nous protège…

– *Are you ready* ? demanda Juliet.

– *Yes, we are*… répondirent les garçons.

La jeune femme était née et avait grandi en Grande-Bretagne. Arthur et Luc, bercés dès le biberon par les sonorités de cette langue, la parlaient et la comprenaient parfaitement.

– À l'aéroport Saint-Exupéry, s'il vous plaît ! ordonna Juliet au chauffeur du taxi tandis qu'ils se serraient tous les trois sur la banquette arrière.

Avec un peu de chance, ils attraperaient le vol de 19 heures.

– On prend l'avion ? demanda Arthur.

– On va où ? s'inquiéta Luc.

– À Londres, chez grand-père, répondit Juliet en fixant les barrières de l'autoroute qui défilaient.

– Chez grand-père ? ! s'exclamèrent les deux garçons.

Depuis leur naissance, ils n'avaient rencontré que trois fois leur grand-père ; sir Patrick J. Treachery s'était déplacé pour la naissance de chacun de ses petits-fils, un événement dont les enfants ne se rappelaient évidemment pas. Il avait également franchi la Manche pour l'enterrement de Simon, son gendre.

Comme des éclairs, le même souvenir réapparaissait dans la mémoire de Luc : la haute silhouette, vue de dos, se tenait très droite aux côtés de Juliet, tout près du trou humide qui allait avaler Simon. Un brouillard humide mouillait les cheveux et poissait les vêtements. Les fossoyeurs descendaient le cercueil à l'aide de grosses cordes. Un bruit sourd retentissait : il était arrivé à destination, dans les entrailles de la Terre. Juliet, pâle comme une princesse fantôme, jetait une rose écarlate dans le trou, puis elle restait figée, au bord de l'abîme. À cet instant, sir J. Treachery posait la main sur l'épaule de sa fille... Et pendant quelques secondes, Luc avait l'impression que son grand-père allait pousser Juliet dans la tombe... L'adolescent secouait la tête pour chasser cette image angoissante et son regard croisait celui de son aïeul : une prunelle transparente, une larme pétrifiée.

Luc n'arrivait pas à savoir si ce souvenir était authentique ou le résultat de ce qu'il s'était imaginé de ce grand-père inconnu.

Dans la réalité, sir J. Treachery prenait des nouvelles de leur santé par téléphone, quelques minutes, une fois par mois... À Noël, et pour les anniversaires, il expédiait des cadeaux somptueux, toujours accompagnés d'une carte de visite sur laquelle on lisait : « Sir Patrick J. Treachery, professeur de neuropsychiatrie, au service de Sa Majesté la reine Élisabeth. » Aucun mot manuscrit, pas même une signature. La plupart du temps, Juliet déchirait ces bristols en laissant couler des larmes silencieuses. Du temps de son vivant, Simon la serrait dans ses bras et la calmait avec des paroles chuchotées, des secrets de grande personne.

Et ce mystère-là, et ce chagrin lourd, Juliet avait toujours refusé de les partager avec ses fils : pour Arthur et Luc Céracq, l'enfance de leur mère était un territoire interdit. Jusqu'à cette nuit.

# 6

# UNE ROLLS NOIRE À L'AÉROPORT D'HEATHROW

– Attachez vos ceintures, recommanda Juliet.

Arthur agrippa la main de sa mère et l'avion se mit à rouler sur la piste. La carlingue vibrait légèrement. Tout à coup, l'appareil eut un soubresaut ; les oreilles des passagers se bouchèrent et la pression les colla contre le dossier de leur siège.

L'avion s'éleva jusqu'au cœur du ciel noir ; à travers le hublot, les lumières de Lyon rapetissaient jusqu'à devenir un champ de lucioles. Luc ferma les yeux ; il n'avait encore jamais quitté la France.

Une heure plus tard, comme dans un manège de fête foraine, l'avion bascula sur le côté en décrivant un demi-cercle, puis il piqua en direction de l'aéroport d'Heathrow.

Les jambes un peu molles, la famille Céracq descendit la passerelle et se dirigea vers le contrôle de sécurité ; un douanier en uniforme examina le passeport de Juliet sur lequel figuraient les photos de ses deux fils. D'un léger mouvement du menton, il signifia que tout était en ordre. Le trio franchit d'un pas décidé les portes automatiques : désormais, ils étaient sur les terres de Jack l'Éventreur.

Un homme âgé d'une cinquantaine d'années surgit d'une Rolls noire ; grand, la peau mate, les yeux charbonneux, il portait des gants et la visière de sa casquette masquait son front.

– Bonsoir Andrew, salua Juliet.

– Bonsoir Mademoiselle Juliet, répondit l'inconnu. Il avait enlevé sa casquette et la triturait, l'air contrarié. J'ai suivi vos instructions : après votre coup de téléphone, j'ai prévenu Monsieur votre père de votre arrivée…

– Et qu'a-t-il dit ? demanda Juliet.

– Il n'avait pas l'air ravi, répondit-il en fixant le bout de ses mocassins brillants.

– Je ne serais jamais revenue s'il ne s'agissait pas d'une question de vie ou de mort, répliqua Juliet.

Andrew hocha la tête, ce qui voulait tout dire et son contraire, et s'empara des bagages. Il parut alors découvrir les garçons.

– Ce sont vos fils, dit-il avec intérêt. Son regard s'attarda sur Arthur. *My God !* comme il ressemble…

– Andrew, j'aimerais aller… *chez moi*… l'interrompit Juliet.

Sans ajouter un mot, Andrew déposa les sacs dans le coffre, puis il ouvrit la portière du véhicule dont les vitres étaient teintées. Juliet s'engouffra dans la voiture ; Luc et Arthur la suivirent avec un peu d'appréhension. Les sièges, couleur sang de bœuf, sentaient le cuir ; il y avait de la place pour au moins six personnes. Juliet étendit ses jambes :

– Andrew est l'homme de confiance de votre grand-père depuis plus de vingt-cinq ans, expliqua-t-elle. C'est son secrétaire, son chauffeur…

– Est-ce que grand-père est riche ? demanda Arthur.

Le garçon rougit. Il savait que c'était mal élevé de parler d'argent.

– Grand-père est… Juliet cherchait ses mots. Grand-père *a beaucoup de travail*, conclut-elle avec un pâle sourire.

Andrew s'était installé à l'avant. Une vitre le séparait de ses passagers. Luc crut apercevoir, tatoué sur sa nuque… un serpent enroulé autour d'une croix ?

Son regard croisa celui du chauffeur dans le rétroviseur : l'homme remonta son col de chemise, puis il verrouilla les portières.

# 7

## LE SINISTRE PALAIS DU MAHARAJA RANJIT PADISCHAH

La voiture longea le palais de Westminster, la Tour de Londres, le British Museum. En cette période de fête, les monuments étaient illuminés ; le long des rues, les étroites maisons blanches, qui alignaient de minuscules jardins, avaient décoré leurs portes rouges, vertes ou bleues de guirlandes et de couronnes.

Juliet était si fière de faire découvrir sa ville natale à ses enfants qu'elle en aurait presque oublié le but du voyage. Mais lorsque le véhicule s'éloigna du centre de Londres et qu'ils se retrouvèrent au cœur de la campagne, désertée à cette heure tardive, l'angoisse l'étreignit à nouveau : dans l'ombre, la bête attendait son heure.

La voiture stoppa devant une haute grille hérissée de piques. Un panneau y était accroché : DÉFENSE ABSOLUE D'ENTRER. DANS LE CAS CONTRAIRE, DANGER

DE MORT VIOLENTE ! Les garçons se serrèrent l'un contre l'autre.

Un bras articulé, fixé au mur de briques rouges, s'allongea en direction des visiteurs. Au bout se trouvait une caméra ; Andrew baissa sa vitre. La caméra se rapprocha de son visage en émettant un ronronnement ; elle projeta un rayon bleuté sur l'œil droit du chauffeur.

Les deux battants de la grille s'ouvrirent sans bruit ; la Rolls noire s'engagea dans la propriété.

– Il n'y a pas un endroit au monde où nous serions plus en sécurité, assura Juliet.

La voiture remonta doucement une allée semée de gravillons, éclairée par des lampadaires aux formes inquiétantes : chacun d'eux représentait un crotale noir, d'au moins deux mètres de haut, dressé sur sa queue, comme prêt à mordre. La gueule grande ouverte, les reptiles découvraient leurs crochets mortels, acérés comme des sabres. Des flambeaux étaient suspendus à leur cou.

Le bâtiment apparut.

– Mais qu'est-ce que c'est que *ça* ? demanda Luc sans sortir de la voiture.

– *Ça*, c'est une folie du maharaja Ranjit Padischah… répondit Juliet en essuyant les larmes qui glissaient sur ses joues.

– Maman ? s'inquiéta Arthur en passant un bras autour du cou de sa mère.

– Je ne suis pas revenue chez moi depuis plus de vingt ans, balbutia-t-elle d'une toute petite voix.

– Pourquoi nous as-tu caché tout ça ? s'énerva Luc. Ce palais de… Ce palais de malade ! Ton frère Michaël, grand-père et puis… l'Éventreur…

L'adolescent libérait des années de silence, de frustration.

– Tu n'as jamais eu confiance en nous ! Tu ne nous aimes pas ! cria-t-il d'une voix trop aiguë.

– Tu es une menteuse ! ajouta Arthur.

– Pardon, mes chéris, murmura Juliet en s'essuyant le nez du plat de la main. C'est justement parce que je vous aime que je n'ai rien dit, pour vous protéger. J'avais fait le serment de ne jamais revenir ici. J'avais peur de réveiller le passé. J'avais tellement peur de réveiller… Jack !

Juliet fixait ses deux fils en se mordant les lèvres.

Luc resta quelques secondes silencieux, les bras croisés, le regard détourné vers l'extérieur. Arthur adoptait l'attitude indignée de son frère.

– Désormais, je jure de ne plus rien vous cacher, déclara solennellement Juliet.

Luc se tourna vers sa mère. Son cœur se gonfla : en face de lui, assise sur les sièges de cuir rouge, se tenait une petite fille aux yeux bleus. Cette enfant, il l'avait déjà vue sur une photographie, un jour qu'il fouillait pour en savoir plus sur le passé de sa mère. Cette photo se trouvait dans une table de nuit, au milieu de cartes de visite déchirées et recollées avec du scotch jauni.

– Pardon maman… On t'écoute, balbutia-t-il, se reprochant déjà d'avoir rouvert une plaie si douloureuse.

# 8

## TOUT COMMENCE IL Y A PLUS D'UN SIÈCLE...

Pendant douze ans, Patrick, son épouse Charlotte et leurs enfants Michaël et Juliet avaient vécu heureux dans ce palais de marbre noir et blanc. Cette demeure stupéfiante avait appartenu au maharaja Padischah, dont l'esprit était dérangé et le portefeuille bien garni.

En 1851, ce prince avait fait le voyage depuis les Indes pour se rendre à la première Exposition universelle, qui se tenait à Londres. Lors de l'inauguration du Crystal Palace à Hyde Park, il avait baisé la main de la reine Victoria ; ce jour-là, la souveraine était vêtue entièrement de rose, comme une grosse poupée de foire.

Mais ce qui avait le plus impressionné le prince, c'était les démonstrations de bateaux à vapeur. Il en avait immédiatement commandé une dizaine afin de pouvoir, à son retour dans son pays, parader sur le Gange en compagnie de ses courtisans.

Cet homme richissime était en permanence coiffé d'un turban rouge vif surmonté de plumes de paons. Il portait une grande barbe noire, teintée de reflets bleutés et vénérait les pierres précieuses : au petit déjeuner, il se faisait servir une liqueur de rubis et de perles fines.

Mais la rumeur colportait à son sujet des informations plus terrifiantes : dans la bonne société anglaise, on murmurait que le prince Padischah était le chef d'une secte, les Thugs, adorateurs de la sanguinaire déesse Kali la Noire… Certains voyageurs anglais, revenant des Indes, racontaient à voix basse comment ces assassins égorgeaient leurs victimes après leur avoir transpercé la langue. En écoutant ces récits, les femmes s'évanouissaient et les yeux des hommes brillaient.

Un soir, le prince Padischah fut invité par les gentlemen du Whip Club. Les membres de ce cercle très fermé maniaient des fouets d'une extraordinaire longueur ; à la nuit tombée, juchés sur des sièges de diligences, ces excentriques lançaient leurs attelages à toute allure dans les avenues du Strand ou du Mail.

Le maharaja s'était présenté à la porte du Whip Club accompagné de sa garde personnelle, quatre montagnes de muscles, torse nu malgré la froidure ; à leur ceinture, pendait un cimeterre.

Après avoir bu quelques verres de porto, les hôtes du maharaja l'avaient invité à passer à table. Le président de la cérémonie avait agité une clochette et un cuisinier avait apporté une énorme pièce de bœuf fumante. Il levait son grand couteau quand le prince s'était mis à tousser dans son poing :

– Qu'elle est cette chose ? avait-il demandé, pointant la viande d'un doigt bagué d'un diamant bleu.

– C'est du *beef* ! Du bœuf anglais ! s'était exclamé le président du club dont le visage s'était empourpré.

– De la vache sacrée ? ! avait crié l'hindou. Peuple sacrilège…

Ranjit Padischah avait repoussé avec fureur son fauteuil à haut dossier.

– Vous nous insultez ! avait crié lord Speakeasy. Espèce de sauvage !

D'un bond, le prince avait sauté sur lord Speakeasy, lui arrachant sa perruque blanche et poudrée.

– Macaque ! continuait à hurler l'Anglais.

– Fromage blanc puant ! J'exige des excuses ou je vous arrache le cœur ! avait répliqué l'hindou.

Lord Speakeasy avait hésité quelques secondes puis, d'un ton méprisant, il avait alors proposé un défi au prince : en trois mois, le seigneur indien devait faire bâtir une demeure capable de rivaliser avec les merveilles architecturales britanniques de l'Exposition universelle. S'il réussissait, lord Speakeasy mangerait son chapeau haut de forme puis se jetterait dans la Tamise, une pierre attachée autour du cou. Mais si le maharaja perdait le pari, il devrait engloutir un bœuf entier avant de se précipiter dans le Gange, chevilles et poignets liés, festin pour les crocodiles.

Quelques semaines plus tard, près de cinq cents ouvriers indiens débarquaient sur les côtes brumeuses de l'Angleterre. Durant trois mois, le chantier fut protégé par des géants coiffés de turbans safran et armés de dagues acérées. À leurs pieds, des tigres montaient la garde.

Une tente gigantesque avait été dressée afin que le maharaja puisse surveiller de près l'avancée des travaux. Toute la journée, il dégustait du potage de sangsues et suçait des sorbets aux épices en jouant aux cartes avec des babouins à qui il interdisait formellement de tricher.

Enfin le palais fut achevé.

Lord Speakeasy découvrit alors… les portes monumentales en forme de tête d'éléphant, les chaises en or massif dont les pieds représentaient des sabots de vache sacrée, les fontaines qui déversaient des litres de patchoulis, les escaliers aux marches recouvertes d'écailles de serpents, les tapis en peau de rhinocéros et d'antilopes, la chorale des perroquets chanteurs d'opéras, les danseuses au ventre nu… Sans oublier les admirables petits lavabos de nacre ; ils représentaient les mains blanches de la déesse tueuse Kali… recouvertes du sang rouge de ses victimes…

Beau joueur, l'Anglais reconnut qu'il avait perdu son défi, et par conséquent son honneur. Et tandis que Ranjit Padischah fêtait sa victoire avec ses dix-sept épouses, il alla se jeter dans la Tamise, une pierre autour du cou. Il s'agissait d'un bloc de marbre, que le prince indien avait fait spécialement tailler en forme de croix.

# 9

## UN VOL DE CORBEAUX NOIRS S'ABAT SUR LA FAMILLE TREACHERY

Un an plus tard, la favorite du prince hindou, sa septième femme âgée de douze ans, décréta que le climat de Londres était mauvais pour son teint. Toute la Cour rentra aux Indes, abandonnant le palais qui avait d'ailleurs cessé d'amuser le seigneur dès qu'il avait eu relevé son défi.

Pendant près d'un siècle, la végétation l'envahit ; jusqu'à ce que Winston Churchill, le chef du gouvernement britannique, décide d'y installer à la fin de la Seconde Guerre mondiale, un centre de recherches scientifiques dont les travaux furent classés « secret défense ».

À la fin des années 1960, sir Patrick J. Treachery fut nommé à la tête du prestigieux institut.

Dans ce palais, véritable décor de film fantastique, Michaël et Juliet s'étaient inventé mille destins d'explorateurs. Cependant, leur père les avait toujours invités à la plus grande prudence : leur terrain de jeux était truffé de pièges, souterrains et autres passages secrets. Et pour s'assurer qu'ils ne seraient jamais dévoilés, le maharaja avait fait emmurer vivant l'architecte qui avait dessiné son palais.

Un jour que Juliet et Michaël chassaient le tigre du Bengale, une porte s'était ouverte dans le mur ; en se tenant la main, les deux enfants avaient pénétré dans le tombeau de l'infortuné architecte. Le squelette, habillé avec une belle tunique orange, était allongé sur un lit en bambou. Disposés autour de sa carcasse, des paniers en osier regorgeaient de pierres précieuses, cadeau d'adieu du prince Padischah.

Le mort tenait un parchemin entre ses doigts. En s'approchant, les enfants avaient pu lire les deux mots écrits par le malheureux : VENGEZ-MOI !

Lorsque Michaël avait voulu s'emparer du testament, les phalanges étaient tombées en poussière et une voix grave avait retenti : « Qui donc ose déranger Kali ? »

Le frère et la sœur avaient fui sans demander leur reste, mais avant de refermer la porte, il leur avait semblé voir s'agiter sur le mur une ombre dotée de plusieurs bras…

Avaient-ils rêvé ? Jamais plus ils n'avaient retrouvé l'entrée de la tombe.

– Et puis Jack est venu chercher Michaël, se souvint Juliet. Alors le jeu s'est arrêté. Pour toujours…

Quelques semaines après la disparition de son fils, Charlotte J. Treachery était morte de chagrin, laissant un mari et une petite fille inconsolables.

– On aurait dit qu'un vol de corbeaux noirs s'était abattu sur nous, expliqua Juliet. J'avais perdu mon frère, ma mère… mais aussi mon père.

Après ce drame, Patrick J. Treachery ne fut plus jamais le même homme : à force d'avoir saigné, fruit desséché, son cœur s'était racorni.

Dès l'aube, il s'enfermait dans son laboratoire, entouré de ses collaborateurs qui avaient appris à le craindre.

Le soir, il dînait en compagnie de Juliet. Les couverts de Michaël et de Charlotte étaient disposés sur la nappe blanche, comme si les disparus allaient surgir à tout moment. La plupart du temps, ils mangeaient en silence. Et quand le père interrogeait sa fille, il ne s'inquiétait que de ses notes. Lorsque celles-ci étaient excellentes, un hochement de tête exprimait sa satisfaction. Dans le cas contraire… Sir J. Treachery posait son couteau et sa fourchette, essuyait les coins de sa bouche avec sa serviette, puis fixait Juliet ; la jeune fille se tassait sur sa chaise : « J'attends tes explications… »

Juliet balbutiait de banales excuses : les élèves avaient été interrogés sur une leçon qu'ils n'avaient pas encore étudiée ; le professeur notait très sévèrement ; tout le monde avait obtenu un mauvais résultat…

« Ton frère, lui, était premier partout », lâchait sir J. Treachery en jetant sa serviette sur la table. Il se levait et disparaissait, gobé par les ombres du palais.

– Une fois, je lui ai couru après, je me suis accrochée à sa manche. Il m'a repoussée : « Vas-tu enfin te décider à grandir, Juliet ? »… Alors je l'ai lâché, je l'ai laissé rejoindre nos morts…

– Grand-père est horrible, je le déteste ! décréta Arthur.

– Grand-père n'est pas méchant, chéri, il est juste… très malheureux… l'excusa Juliet en caressant la joue de son fils.

À sa majorité, Juliet J. Treachery était partie étudier en France :

– Rien ni personne ne me retenait plus en Angleterre. J'ai fui pour oublier, pour gommer le passé.

– Et tu as rencontré papa ? demanda Arthur.

– Le jour même de mon arrivée en France, répondit Juliet avec un sourire apaisé.

À la gare, un pickpocket avait pris le portefeuille de Juliet dans son sac. Elle s'était mise à crier et Simon avait piqué un cent mètres sur le quai, à la poursuite du voleur. Il avait bien failli le rattraper quand une vieille dame, qui promenait un boudin sur pattes, lui avait coupé la route ; Simon s'était entortillé les pieds dans la laisse et s'était étalé de tout son long.

– Je me suis précipitée, raconta Juliet. J'étais tellement embêtée… Il saignait du nez et son pantalon était déchiré… Mais il était si beau, et il n'arrêtait pas de dire qu'il était désolé. Voilà… on ne s'est plus quittés, conclut-elle, d'une voix teintée de tristesse.

## 10

## ÉNIGMES, SECRETS ET PIÈGES...

Dans la voiture, les passagers avaient perdu la notion du temps. Une forme se dessina dans la lueur des phares. Andrew toqua à la vitre :

– Mademoiselle Juliet, il vaudrait mieux ne pas faire attendre monsieur...

Ils sortirent de la Rolls ; un crachin glacé piquait le visage comme une pluie d'aiguilles. À la suite d'Andrew, les frères Céracq franchirent l'immense porte d'entrée, une tête d'éléphant blanc à la gueule grande ouverte, dont les oreilles, largement déployées, suggéraient qu'il allait charger.

La petite troupe pénétra dans un hall circulaire ; on n'y voyait aucune porte. Au plafond, une faïence dessinait le visage du maharaja Padischah ; l'homme, aux yeux maquillés de khôl, fixait les visiteurs d'un air féroce. Des palmiers montaient du sol, un damier noir et blanc ; chaque dalle était numérotée.

– Au temps du prince, les condamnés jouaient aux dés pour savoir quelle peine leur était réservée, expliqua Juliet. À chaque case correspondait un supplice : la fosse aux crocodiles, la fléchette empoisonnée, l'empalement sur des pieux et même la grâce... Heureusement, père et son équipe ont désamorcé le mécanisme...

– Un ingénieux système de poulie, précisa Andrew, admiratif.

Disposées tout autour de la pièce, une dizaine de statues de Kali les encerclaient. Andrew s'approcha de l'une des déesses et serra l'auriculaire de sa septième main. Un pan du mur vibra, puis pivota sur lui-même, révélant une serre géante. Des perroquets aux couleurs chatoyantes conversaient bruyamment tandis que des cascades jaillissaient à flanc de rochers.

Le bureau de sir Patrick J. Treachery se trouvait au sommet de la serre, dans un planétarium. Le maharaja Padischah, obsédé par la date et les circonstances de sa mort, avait fait construire cet observatoire ; grâce à des longues-vues équipées de miroirs, ses astronomes y avaient étudié les constellations pour calmer les angoisses de leur maître.

Andrew posa le pied sur la première marche d'un escalier qui se perdait dans la végétation.

– C'est très glissant, prévint-il. Et très dangereux... Qui sait ce qui arriverait si l'un de nous s'écartait du sentier ?

– Mettez-vous l'un derrière l'autre, conseilla Juliet. Ne craignez rien, je ferme la marche.

L'ascension fut difficile : Luc et Arthur prenaient garde où ils posaient les pieds, tout en évitant les bombardements de fientes de perroquets.

Ils arrivèrent enfin. Andrew entra le premier dans le planétarium. Les frères Céracq n'osaient pas franchir le seuil : le plafond était un dôme en verre qui reproduisait le système solaire, chaque planète étant représentée par des pierres précieuses incrustées. Poudre d'or et poussière de diamant dessinaient quelques queues de comètes.

Au milieu de l'Univers se tenait le maître les lieux.

– Bonsoir père… murmura Juliet, les mains croisées dans le dos, les doigts noués.

Cheveux et barbe couleur de cendre, lunettes rondes à monture dorée, sir Patrick J. Treachery était assis à son bureau. Une lampe au chapeau d'opaline verte éclairait le plan de travail ; un dossier était ouvert.

– Bonsoir mon enfant, dit-il sans chaleur… Andrew m'a prévenu de ton arrivée, mais je n'ai pas saisi le but exact de ta visite…

Juliet se racla la gorge :

– *Il* est revenu… répondit-elle sur un même ton glacial.

Dans le ciel d'encre, les étoiles scintillaient à intervalles réguliers ; comme si elles envoyaient un message codé.

Durant quelques secondes, le silence enfla. Le père et la fille s'affrontaient du regard.

– *Il* est revenu *me* chercher… Monsieur… compléta Arthur, en avançant de quelques pas, rougissant de son audace.

Patrick J. Treachery blêmit ; avec des lenteurs de félin, il s'appuya sur les accoudoirs de son fauteuil, se leva et contourna son bureau. Très grand, mince, il portait une blouse blanche et un stéthoscope pendait sur sa poitrine. Il s'avança à la rencontre d'Arthur, les yeux plissés, concentré comme un entomologiste découvrant une nouvelle espèce d'insecte.

Luc restait dans l'ombre ; il lui semblait que la scène se déroulait au ralenti, comme si le temps s'était suspendu.

Sir Patrick J. Treachery posa un genou en terre devant Arthur et tendit la main vers l'enfant. Sous le masque de la vieillesse perçait un visage doux et bon ; durant quelques secondes, Luc entraperçut le beau jeune homme qu'avait été son grand-père :

– Michaël ? C'est toi, Michaël ? demanda Patrick d'une voix rauque.

Arthur recula avant que les doigts ne lui effleurent le visage. Patrick restait immobile, la main ne caressant plus que le vide.

– Ce n'est pas Michaël, père, c'est Arthur. Et voici Luc, ajouta Juliet en poussant son fils aîné devant elle.

– Les fils de Simon Céracq, conclut Patrick en se relevant.

Il épousseta son pantalon sans un regard pour les enfants.

– *Vos* petits-fils, rectifia Juliet. *Votre* sang, père. Et le *sien* !

Patrick J. Treachery sentit la colère bouillonner en lui.

– Qu'attends-tu exactement de moi ?

– Que vous sauviez la vie d'Arthur. Ni plus. Ni moins...

Le père de Juliet se gratta la barbe :

– Au niveau scientifique, c'est en effet un défi, trancha-t-il en faisant un signe de tête en direction d'Andrew. S'il vous plaît, faites préparer les chambres pour nos invités, ainsi qu'un dîner léger...

Sir Patrick J. Treachery s'interrompit et se tourna à nouveau vers sa fille, l'air soupçonneux :

– Je suppose que tes fils n'ont ni smoking, ni même un costume ?

Incrédule et un peu honteuse, Juliet se contenta de hocher négativement la tête.

– Pour ce soir, Andrew, vous ferez dresser le couvert à l'office. Et dès demain matin, vous vous occuperez de trouver une jaquette, un blazer ou une veste... Ce que vous voulez... Une tenue correcte pour... *mes* petits-fils...

Quelques minutes plus tard la famille au complet se trouvait dans la cuisine où s'activait Tabitha, la gouvernante de la maison, une femme âgée dont les cheveux gris étaient retenus en chignon sur la nuque.

– Je vous en prie, asseyez-vous, invita Patrick... Non pas, là ! indiqua-t-il à Luc. « *Là* », c'est la place de ta mère... Toi, tu te mets à ma droite, ton frère à ma gauche...

Chacun assit un bout de fesse, l'estomac noué.

Tabitha posa sur la table des victuailles fumantes et, pour certaines, difficilement identifiables, comme ces flans verdâtres et roses.

Les frères Céracq se regardèrent et Arthur mima discrètement une nausée. Pendant quelques secondes, on n'entendit que le crépitement du feu dans la cheminée.

– Excusez-moi, monsieur… C'est quoi votre travail ? demanda Luc, espérant retarder le moment où il devrait manger « la chose » qui tremblotait dans son assiette.

– Tu peux m'appeler « professeur », répondit Patrick. Nous étudions les anomalies génétiques. Nous explorons l'ADN des criminels : pourquoi et comment un homme se transforme-t-il en assassin ? Existe-t-il un gène du mal ? Certains hommes sont-ils programmés pour tuer ?

Luc et Arthur écoutaient, bouche bée.

– Tout ce que vous verrez dans cet institut, ajouta-t-il en détachant ses mots… Tout ce que vous y entendrez, précisa-t-il en regardant tour à tour chacun des garçons, vous ne devrez jamais en parler. À personne ! J'ai votre parole ?

Arthur et Luc jurèrent dans un souffle et ne pipèrent plus un mot durant tout le reste du dîner.

Sur le carrelage, l'ombre d'Andrew dansait, monstrueuse, déformée par la lumière des bougies.

# 11

## L'HEURE DE LA VÉRITÉ

– Les dents et au lit… ordonna Juliet.

La jeune femme se tenait debout sur le seuil de son ancienne salle de bains. Cette nuit, ils dormiraient tous les trois dans sa chambre de jeune fille.

– Comment on tire la chasse ? demanda Arthur en tournant autour de la cuvette des toilettes.

– Tu attrapes la queue du tigre, répondit Juliet en riant.

Avec précaution, Arthur s'empara de la queue jaune et noir qui pendait du plafond. Un puissant jet d'eau rugit.

– Et pour ouvrir les robinets ? voulut savoir Luc.

– L'eau froide, c'est le serpent naja. L'eau chaude, c'est le crotale… Vous leur appuyez sur la tête. Pour la douche, continua Juliet dont les yeux pétillaient, vous vous mettez sous la trompe de l'éléphant et vous actionnez les défenses.

Arthur et Luc s'étaient glissés chacun dans un divan aux draps un peu rêches. Un parfum de nostalgie et de poussière flottait dans la chambre. Sur les murs, des photos alignées étaient comme des fenêtres ouvertes sur des mondes perdus ; des visages, pour la plupart inconnus des deux garçons, souriaient à l'objectif.

Juliet décrocha l'un des cadres :

– C'est Michaël, dit-elle d'une voix sourde.

Le cœur d'Arthur s'emballa. La ressemblance entre lui et son oncle était telle qu'on aurait pu les prendre pour des jumeaux : yeux très bleus, front haut, peau claire, cheveux bruns, rebelles et fournis.

– Et lui, qui est-ce ? demanda Luc, désignant une photo jaunie sur laquelle un élégant jeune homme tenait, dans la main droite, un chapeau et, dans la gauche, une paire de gants. Autour de son cou, voletait une écharpe légère. C'était l'hiver ; la neige recouvrait les bancs de bois et les barrières en fer forgé. Des lampadaires noirs balisaient la rue et, derrière le jeune homme, était garé un fiacre dont le cocher, lui aussi, regardait en direction du photographe.

– C'est David J. Treachery, *notre* ancêtre, répondit le père de Juliet d'un ton grave. Il venait d'apparaître dans l'encadrement de la porte, l'air fatigué. Notre lignée lui doit la vie, mais également une lourde malédiction…

Patrick effleura le cadre du jeune homme puis ses yeux tombèrent sur la photo de Michaël ; il recula comme si une vipère avait jailli de la commode.

– J'étais passé vous souhaiter une bonne nuit, conclut-il, battant en retraite vers la sortie.

– Racontez-nous son histoire, professeur, implora Luc. S'il vous plaît… Racontez-nous l'histoire de *notre* famille.

Patrick J. Treachery, quatrième du nom, scruta le visage de sa fille, puis celui d'Arthur et de Luc. Sans un mot, il cala son grand corps dans le fauteuil de velours, sortit une pipe coudée de sa poche et l'alluma ; une odeur de tabac blond se répandit dans la chambre.

Pour les frères Céracq, le temps était venu de grandir.

# 12

# LA VÉRITABLE HISTOIRE DE JACK L'ÉVENTREUR

1888 à Londres… D'immenses cheminées vomissent des fumées noires et épaisses. Le bétail se dirige vers les abattoirs en meuglant de terreur. Dans les manufactures d'allumettes, les enfants et les femmes pauvres travaillent douze heures par jour, asphyxiés par l'odeur du soufre. Les rues grouillent de monde ; des mendiants en loques y meurent de la tuberculose sans que les *gentlemen* en redingote ne leur accordent un regard. La Tamise charrie des tonnes de détritus pour le plus grand plaisir des rats gros comme des chats. L'air empeste la saucisse bon marché. En 1888, Londres c'est l'enfer. Pas étonnant que le diable ait choisi d'y faire un tour… *Il* frappe toujours la nuit, lorsque le brouillard monte du fleuve pour engloutir la ville.

Et s'il s'agissait d'une créature venue des profondeurs ?

Son terrain de chasse, ce sont les sombres ruelles du quartier de Whitechapel. Au loin, on perçoit le sifflet d'un *bobby*, ces policiers coiffés d'un étrange chapeau, portant bottes, ceinturon à boucle de cuivre et un long habit bleu. Quelques réverbères dispensent un pâle halo de lumière. Un fiacre tiré par deux chevaux écumants passe à toute allure ; le cocher agite son fouet avec fureur, les passants n'ont que le temps de se coller contre le mur.

Et au petit matin, les jeunes crieurs de journaux annoncent un nouveau crime de celui qui s'est lui-même baptisé « Jack l'Éventreur ».

Entre le 31 août et le 9 novembre 1888, cet assassin tua et découpa en morceaux au moins cinq femmes. Tout le monde l'a oublié, mais ces victimes portaient un nom ; elles s'appelaient Mary Ann Nichols, Annie Chapman, Elizabeth Stride, Catherine Eddowes et Mary Jane Kelly.

L'affaire fut confiée à Frederick George Abberline, inspecteur de la division H de Scotland Yard, la police criminelle de Londres. Plus de cent soixante témoins furent interrogés ; on soupçonna un boucher, un médecin russe, un anarchiste qui aurait voulu renverser le trône de la reine Victoria. On murmura le nom du duc de Clarence, futur roi d'Angleterre… On parla d'une secte, des illuminés tuant pour devenir immortels. Un député offrit une récompense de plusieurs milliers de livres sterling à quiconque fournirait un indice permettant d'identifier le coupable. Des scientifiques proposèrent même d'examiner les yeux des victimes, pensant que la rétine de ces malheureuses avait photographié l'assassin avant de mourir…

Un vent de folie soufflait sur Londres. Et tandis que toute la ville était à ses trousses, le meurtrier narguait la police en lui envoyant des lettres signées de sang humain.

Comme tous les Londoniens, Charles Treachery suivait l'affaire avec beaucoup d'attention. Ce veuf, sans enfant, avait dépassé la cinquantaine ; il était médecin aliéniste, médecin qu'on appelle aujourd'hui psychiatre, et travaillait dans un asile de fous à Cane Hill. Lorsque les enfants passaient devant les grilles de Cane Hill, ils se mettaient à courir, le cartable ballottant dans leur dos : derrière les impressionnants murs d'enceinte, on entendait des cris épouvantables sans parvenir à discerner s'il s'agissait d'êtres humains ou d'animaux.

Malgré l'inhospitalité des lieux, Charles Treachery y soignait avec beaucoup de dévouement des pauvres bougres, dont l'esprit avait basculé dans des mondes terrifiants. Sans relâche, le médecin tentait de percer les secrets de la folie : pourquoi et comment devient-on fou ?

Comme plusieurs de ses confrères, Charles collectionnait des crânes ayant appartenu à de grands criminels. Il les exposait sur des étagères dans son bureau. Une fois par semaine, il les époussetait avec précaution et, tout en tâtant leurs bosses et leurs creux, il s'interrogeait : quelle force avait poussé ces hommes à commettre de si mauvaises actions ?

Depuis que Jack semait la mort dans la capitale anglaise, les questions sans réponse empêchaient Charles de dormir : quelle puissance irrésistible armait la main de l'Éventreur ?

Plusieurs nuits durant, s'imaginant explorateur de contrées sauvages, il avait écumé Londres à la recherche d'une piste ; le cœur battant, il s'était enfoncé dans les entrailles de la ville, mais chaque petit matin l'avait vu rentrer bredouille.

Jusqu'au soir où...

Charles avait travaillé très tard cette nuit-là ; les infirmiers de Cane Hill avaient sollicité son aide pour calmer un patient en proie à des hallucinations. Le malade croyait être poursuivi par des araignées géantes... Le fou avait violemment mordu Charles à la main tandis que le médecin tentait de lui faire respirer de l'opium ; les infirmiers avaient dû lui passer la camisole de force.

Après avoir désinfecté et pansé sa blessure, Charles était monté dans son bureau pour consigner sur son registre ce nouvel incident. Le médecin relatait quotidiennement les progrès et les rechutes de ses patients.

Trois heures du matin venaient de sonner à l'une des horloges, quand la cloche de la grille tinta. Curieux de savoir qui bravait les périls de la nuit, Charles posa un manteau sur ses épaules et sortit sur le perron. Dans l'air froid, son souffle se transformait en buée. À plusieurs reprises, il appela : « Il y a quelqu'un ? »

Seul le silence lui répondit. Il allait rentrer lorsqu'un bruit le fit tressaillir. Le médecin se rapprocha de la grille ; il ne se trompait pas ! Il s'agissait bien d'un enfant... Un enfant qui pleurait... Charles ouvrit la lourde grille et se retrouva face à un petit bonhomme d'à peine trois ans, coiffé d'une casquette en tweed et vêtu d'un élégant costume en velours bleu marine. Debout sur le trottoir, l'enfant frissonnait. Dans son poing, il tenait serré une bourse et une lettre. À ses pieds, on avait abandonné un lourd sac de voyage.

Charles s'approchait doucement du petit garçon lorsqu'une silhouette attira son attention ; en face d'eux, à l'angle de la rue, un homme grand, enveloppé dans une cape et portant un chapeau haut de forme, les observait. Charles l'interpella : « C'est votre fils ? Qui êtes-vous ? »

Mais déjà l'apparition avait disparu, happée par les ténèbres.

Charles Treachery s'était agenouillé devant le garçonnet qui continuait à sangloter, tremblant de peur et de froid. Sans prononcer un mot, le petit avait tendu la lettre au médecin, ainsi que la bourse. Charles s'en était emparé délicatement, puis pour guider les pas de cet enfant désormais seul au monde, il avait pris sa petite main dans la sienne.

Une fois rentré, Charles avait fait réchauffer un bol de soupe et coupé une part de pudding ; le jeune visiteur s'était mis à manger en reniflant. Il n'avait pas voulu quitter sa casquette, dont la visière lui dissimulait le front. De temps en temps, il relevait la tête, jetant des coups d'œil craintifs.

Le médecin s'était assis et il avait décacheté la lettre, fermée par un sceau de cire rouge. L'écriture était fine et assurée.

*Monsieur,*

*Je suis la bête que tout Londres traque. Je suis le fauve qui sort la nuit de sa tanière pour s'attaquer à des proies sans défense.*

*Croyez-le si vous le pouvez, je suis aussi un homme et même un père, un bon père. Mon fils s'appelle David et il est âgé de trois ans et demi. J'ai décidé de vous le confier. Je me suis renseigné sur votre compte, vous avez la réputation d'être honnête, généreux et tolérant. Vous saurez élever mon enfant sans voir en lui le fils du diable. Je vous confie mon trésor le plus précieux car je me sens devenir de plus en plus violent, de plus en plus dangereux. Lorsqu'une crise me prend, je ne puis résister. Je crains de perdre la tête au point de faire du mal à mon propre fils.*

*Vous pensez peut-être que je suis un menteur ? Un fabulateur ? Pour vous convaincre de l'authenticité de ma confession, ouvrez la bourse que j'ai confiée à David. Celle-ci contient quelques bijoux de pacotille : une bague en forme de cœur, une boucle d'oreille bleue, un collier d'agates, un fin bracelet d'argent et un petit médaillon recélant une photo de fillette.*

*Vous avez pâli, n'est-ce pas docteur Treachery ?*

*Il s'agit bien des cinq trophées que j'ai volés à mes victimes. Tous les journaux ont donné la liste de ces trésors de guerre mais vous seul les contemplez. Alors, docteur, horreur ou privilège ?*

*Prenez bien soin de mon petit David. Dans son sac, j'ai glissé quelques vêtements ainsi que cent pièces d'or qui devraient vous permettre de lui assurer une bonne éducation. Le jour où vous jugerez qu'il pourra l'entendre, dites-lui qui est son père ; dites-lui qu'il n'a pas à avoir honte de crimes qu'il n'a pas commis ; dites-lui surtout que même le pire des monstres a un cœur et que lorsque je penserai à lui, le mien saignera à jamais.*

*Votre dévoué,*

*Jack l'Éventreur…*

Pendant plusieurs jours, Charles avait été face à un douloureux cas de conscience : devait-il avertir la police ? En se taisant, il dissimulait des preuves susceptibles de faire progresser l'enquête et, qui sait, d'empêcher d'autres meurtres. Mais s'il parlait, Charles savait parfaitement ce qu'il adviendrait du petit David : il serait interrogé sans ménagement puis on le placerait dans un orphelinat crasseux. Tout le monde connaîtrait ses origines : on le montrerait du doigt, on le fuirait et on lui jetterait des pierres…

Charles décida de protéger un enfant innocent.

Cependant, si le médecin sondait honnêtement son cœur, il savait y trouver une autre raison motivant sa décision : peut-être un jour, le petit David livrerait-il à Charles, cet homme de sciences, des clefs pour mieux connaître la nature humaine ?

# 13

## DAVID J. TREACHERY TRAHIT SON PÈRE

Pendant les années qui suivirent, David fut sainement nourri, chaudement habillé, délicatement éduqué ; mais longtemps, Charles le considéra surtout comme un cobaye. Le médecin ne cessait de consigner des notes sur l'évolution du caractère de son protégé, sur ses réactions face aux contrariétés ou sur ses colères lorsqu'on refusait de satisfaire ses désirs : Charles guettait les premiers symptômes qui auraient indiqué que l'enfant allait suivre les sanglantes traces de son père.

Lorsque David eut fêté son dixième anniversaire, Charles éprouva une grande honte d'avoir attendu le pire de cet enfant si charmant. En fait, il se rendit simplement compte qu'il aimait David. Il décida de l'adopter officiellement et de lui donner son nom, auquel il ajouta la lettre « J ».

Pour tous, ce « J » signifiait « Junior » mais pour Charles, il s'agissait d'adresser un message à Jack : si David devenait désormais un Treachery, il resterait à jamais le fils de cette ombre aperçue lors d'une nuit sans lune.

Devenu adulte, David embrassa à son tour la carrière de médecin aliéniste et, tout comme son père adoptif, exerça à Cane Hill. Nous étions au début du XX^e^ siècle et David faisait de son mieux pour améliorer les conditions de détention des fous ; avec lui, interdiction de battre les malades ou encore de les jeter dans la rivière, un sac sur la tête afin, soit disant, de les calmer… Il avait également exigé qu'on retirât à ceux qui n'étaient pas dangereux, ces lourdes chaînes rouillées qui blessaient les chevilles. Les années passaient mais David ne s'habituait pas à ces regards vides et désespérés, ces pieds qui avaient toujours perdu au moins une chaussure, ces poings qui se battaient contre des ennemis invisibles. Heureusement, le médecin trouvait réconfort auprès de son épouse Cindy et de leurs trois enfants, dont l'aîné se prénommait Oliver.

La vie du bon docteur David J. Treachery aurait pu s'écouler ainsi, rythmée par les visites à son vieux père, les promenades en famille pour admirer les oiseaux exotiques à St James Park et les rendez-vous avec ses amis au Club Shakespeare.

C'était sans compter la main du destin.

Un jour, on amena au médecin un vieillard à l'allure intrigante ; vêtu comme un prince, il avait l'air égaré d'un mendiant. Il marmonnait des bouts de phrases incompréhensibles et poussait des cris. En outre, le dément se cramponnait à une grosse sacoche de cuir.

Espérant y découvrir des papiers permettant d'identifier le personnage, David, à force de patience, persuada l'homme d'ouvrir son sac. Avec précaution, l'inconnu actionna la serrure puis posa sur le bureau une dizaine de bocaux de verre. À l'intérieur de chacun, flottaient des « choses » que le médecin identifia immédiatement : un cœur, un rein, un foie… des organes humains conservés dans le formol.

Assis en face de David, l'homme le fixait avec un sourire de défi. Soudain, il se mit à fredonner une comptine pour enfants. Sans perdre son calme, David l'interrogea afin de connaître la provenance de cette macabre découverte. L'homme continuait à chantonner. Et cet air pénétrait dans la tête de David. Comme un sort de magie noire. Les paroles se frayaient un chemin jusqu'à son cerveau et il lui semblait se rappeler… Des images floues se formaient, mais le souvenir lui échappait aussitôt.

David s'emporta et tapa violemment du poing sur la table, ordonnant au vieillard de se taire. Celui-ci lui agrippa le poignet. Sa main était osseuse et sèche : « Sais-tu qui je suis ? » demanda-t-il d'une voix rauque avant d'ajouter : « Et toi, sais-tu qui tu es vraiment ? »

D'un bond, comme si les années ne pesaient plus sur ses épaules, le visiteur avait sauté de son siège, ramassé les bocaux, puis il s'était enfui, courant dans les couloirs sans cesser de chanter son sinistre refrain. Abasourdi et mal à l'aise, David avait mis quelques secondes à recouvrer ses esprits. Qui il était ? Il était David. Il était le fils de Charles Treachery, bien sûr… Le fils « adoptif » lui rappela une petite voix…

Pour se calmer, David alluma une pipe de tabac blond. Il ferma les yeux et il lui sembla entendre Charles lui raconter, une fois encore, cette fameuse nuit où il l'avait trouvé abandonné devant la haute grille de Cane Hill. Un petit garçon coiffé d'une casquette de tweed, habillé comme un jeune lord et pourvu d'une bourse bien rebondie. Rien d'autre. Charles avait toujours affirmé ne rien connaître de plus au sujet des origines de l'enfant. Et David l'avait toujours cru, mais aujourd'hui…

La nuit même, David avait attendu que son père se fût endormi et il s'était introduit dans son bureau ; il avait fouillé méticuleusement la pièce à la recherche des registres de Charles. Il en avait déniché plusieurs, mais aucun ne concernait l'époque de son arrivée. Comme un cambrioleur aguerri, il avait exploré le dessus de la bibliothèque et sondé les murs à la recherche d'un coffre ; en passant sa main sous le lourd bureau de chêne, il avait découvert un tiroir dissimulé qui recélait une bourse remplie de bijoux sans valeur, une lettre décachetée et un cahier noirci par l'écriture de Charles.

Fébrile, David s'était installé dans le fauteuil de celui qu'il considérait depuis toujours comme son père.

Quelques heures plus tard, il ne voyait plus en Charles qu'un menteur et un traître. Quant à lui-même, il se faisait tout simplement horreur.

À partir de ce jour funeste, le comportement de David J. Treachery changea. Il se méfiait de tout le monde et plus encore de lui-même ; lorsque le soleil partait éclairer l'autre hémisphère, il restait des heures aux aguets dans l'obscurité, écoutant les craquements du plancher et des meubles puis, tout à coup, il sautait du lit et courait se regarder dans le miroir. Ses yeux, sa bouche, son nez lui semblaient appartenir à un autre : qui était-il ? Il était le fils du monstre… Et peut-être bientôt lui-même un monstre ? Et qui sait s'il n'avait pas déjà transmis cette « maladie » à ses enfants ?

Épuisé par ses angoisses nocturnes, David n'avait plus aucune patience avec les malades et bientôt, lui qu'on avait loué pour sa douceur, on le redouta pour ses colères. Ses collègues murmuraient dans son dos. À plusieurs reprises, Charles essaya de le raisonner ; mais David n'écoutait plus rien d'autre que la petite voix dans sa tête, qui lui chantait une comptine pour enfant terrorisé.

Le jour de son quarante-deuxième anniversaire, le prince mendiant était revenu lui rendre visite. « Tu n'embrasses pas ton père ? », avait demandé le vieillard d'une voix sifflante. « Je ne suis pas votre fils ! » avait hurlé David, les larmes aux yeux. Puis il s'était jeté sur l'homme, l'avait roué de coups. Le visiteur était tombé du perron ; il s'était remis debout avec peine, avait épousseté sa redingote, puis il avait menacé : « Je te maudis ! Et je maudis tous tes descendants mâles… »

Le soir même, David J. Treachery se noya dans la Tamise. Personne ne sut jamais pourquoi ses pas l'avaient guidé jusqu'au fleuve, mais plusieurs témoins prétendirent avoir vu, près de l'endroit du drame, une haute et sombre silhouette. Certains affirmèrent l'avoir entendu rire, rire... Puis soudain, hurler. De désespoir. Comme une bête touchée à mort.

– ...Et depuis, à chaque génération, Jack est revenu chercher le fils qui l'a trahi, l'enfant qu'on lui a volé, expliqua Patrick J. Treachery. D'abord il emporta Oliver, le fils aîné de David, puis il s'attaqua à mon oncle, Dorian. Ensuite, ce fut le tour de mon jeune frère, Théodore, et enfin Michaël... Son appétit de vengeance est insatiable... conclut-il en quittant la pièce, absorbé dans ses pensées.

– Et maintenant, il me veut moi... balbutia Arthur en se serrant contre sa mère.

– Ne t'inquiète pas, mon chéri, le rassura Juliet. Votre grand-père a inventé un moyen pour combattre Jack. Nous allons conjurer la malédiction, je te le promets... Il faut dormir maintenant, ajouta-t-elle en éteignant la lumière.

Les yeux déjà clos, Arthur marmonna quelques mots.

– Qu'est-ce que tu as dit ? demanda Juliet.

– Je dis que Jack est méchant parce qu'il est malheureux.

Et Arthur plongea dans un sommeil sans rêve.

## 14

## LE TERRIFIANT MASQUE AUX YEUX NOIRS

Juliet resta quelques secondes immobile à écouter la respiration de ses enfants. Elle s'assit au bord du lit de Luc et lui caressa les cheveux. Son fils aîné avait tellement grandi ces derniers mois… Juliet hocha la tête pour chasser cet accès de nostalgie ; à pas feutrés, avec le sentiment d'être encore un peu plus seule que d'habitude, elle quitta la chambre.

– Arthur ! Réveille-toi ! Vite !

Luc secouait son frère ; pour accélérer le processus, il lui boucha le nez. Le cadet ouvrit les yeux d'un coup, comme un automate.

– Maman vient de partir… Grouille-toi, il faut qu'on la suive.

Arthur jeta ses jambes hors du lit, se frotta les paupières, puis sauta dans ses baskets.

Luc ouvrit la porte de la chambre avec des précautions de cambrioleur. Au bout du long couloir, il vit disparaître l'ombre de sa mère ; la forme gigantesque courait sur les murs.

Les deux garçons pénétrèrent dans le « royaume des ténèbres » sur la pointe des pieds : Luc ouvrait la route, tandis qu'Arthur surveillait leurs arrières. Le moindre courant d'air lui hérissait les poils des bras.

Au bout de quelques minutes, Juliet s'arrêta devant l'ancienne chambre de Michaël ; depuis sa disparition, sir J. Treachery s'y retranchait les nuits où il ne trouvait pas le sommeil.

La jeune femme toqua doucement à la porte.

– Entrez !

Juliet se mordit les lèvres : elle avait beau être adulte, le ton autoritaire de son père lui donnait toujours mal au ventre.

– Pardon de vous déranger, père… dit-elle sans pénétrer dans le sanctuaire.

Depuis son départ pour la France, rien n'avait changé : le train électrique stationnait en gare ; la collection des *Tout l'Univers* occupait les étagères au-dessus du lit, à côté des maquettes d'avions. Les cahiers et les livres étaient ouverts à la page des magmas volcaniques, la dernière leçon étudiée par Michaël.

Sur la table de nuit, Juliet reconnut Teddy Bear, le petit ours brun de son frère. Elle rassembla son courage :

– Comment va-t-il ? demanda-t-elle, toujours sur le seuil de la porte.

– Je n'entends rien ! De quoi ils parlent ? chuchota Arthur.

– Tais-toi ou je te coupe la langue, ordonna Luc.

Les deux garçons s'étaient cachés derrière une vieille malle de voyage et ne saisissaient que des bribes de conversation. Bientôt, leur mère et leur grand-père sortirent du bureau et se dirigèrent dans leur direction ; Luc bâillonna son frère avec sa main, tandis qu'ils passaient devant eux d'un pas rapide.

Les frères Céracq patientèrent un instant. Quelques mètres plus loin, Patrick s'arrêta devant une statue de babouin dont la gueule ouverte découvrait des canines pointues ; le professeur serra la main du singe de pierre ; la statue trembla sur sa base, laissant apparaître un escalier en colimaçon. Le père et la fille s'y engagèrent.

– On y va ! déclara Luc.

Une odeur forte, presque animale, arrivait jusqu'aux narines des garçons.

Des néons diffusaient une lumière aseptisée. Arthur et Luc se tenaient à distance raisonnable de Juliet et Patrick. Ils parvinrent bientôt dans un tunnel où stationnaient quelques brancards. Les garçons avançaient le dos courbé et rasaient les murs. Des portes perçaient ce long couloir : de l'autre côté, des plaintes s'élevaient et des cris stridents répondaient ; des sanglots résonnaient et des coups sourds faisaient trembler les gonds.

On n'aurait su dire si c'était là œuvre d'homme ou de bête.

Deux hommes à la stature imposante s'avancèrent vers le père et sa fille :

– Peter et Erick sont infirmiers, précisa Patrick.

Puis, s'adressant aux deux hommes :

– Nous sommes venus voir Michaël.

L'inquiétude se lisait sur le visage des infirmiers. L'un d'eux prit le gros trousseau de clefs qui pendait à sa ceinture ; tous se dirigèrent vers une porte peinte en rouge.

– Je ne comprends rien, grommela Arthur. Michaël n'est pas mort ?

Luc ne répondit pas ; il fixait sa mère qui avançait d'un pas chancelant. Il faillit se lever et lui hurler de ne pas « y » aller. Aller « où », d'ailleurs ?

Patrick entrebâilla la porte. Juliet s'approcha, demeura quelques secondes immobile puis, sans un cri, elle s'écroula, comme une marionnette dont on aurait coupé les fils.

Luc sortit brusquement de sa cachette et bouscula les infirmiers, penchés sur le corps de la jeune femme.

– Maman ! maman ! cria Luc, en s'emparant de la main glacée de Juliet.

– Tu n'as rien à faire ici, s'énerva Patrick, tandis que Peter passait un petit flacon sous les narines de Juliet. Pars immédiatement !

– Non, monsieur ! Je ne l'abandonnerai jamais ! répondit Luc.

Juliet entrouvrait les paupières. Peter l'aida à se remettre debout.

– Qu'est-ce qu'il y a là-dedans, maman ? demanda Luc fermement.

Les adultes restaient muets. Le jeune garçon s'avança alors vers la porte rouge.

– Ne regarde pas ! le supplia Juliet.

– Je t'interdis ! ordonna sir J. Treachery.

– La malédiction de Michaël, c'est aussi celle de mon frère ! hurla Luc. Et moi, je ne ferai pas comme vous, monsieur, je ne laisserai pas Jack lui faire du mal…

Le professeur vacilla sous l'accusation.

Luc inspira profondément, puis ouvrit la lourde porte de bois. Sur un tabouret, un homme se tenait assis, de dos, les épaules affaissées ; ses cheveux bruns étaient coupés court sur la nuque. Luc n'osait pas pénétrer dans la cellule. Il se racla la gorge. L'homme tressaillit ; lentement, il pivota sur lui-même. Le visage de Michaël J. Treachery était pâle comme celui d'un mort, ses orbites étaient noires et vides ; c'était un abîme, un tourbillon, un trou noir prêt à vous aspirer. Lorsque ce zombie ouvrit la bouche, aucun son ne sortit. D'un bond, agile comme une panthère albinos, il se rua vers Luc. Des mains attrapèrent le jeune garçon par les épaules, le tirèrent en arrière, puis refermèrent la porte d'un coup sec. Les poings, la tête de Michaël s'y cognèrent, s'y blessèrent. Une longue plainte s'éleva, le hurlement d'une âme damnée.

– Regarde ce que tu as fait ! dit sir Patrick J. Treachery, au comble de la fureur.

Luc n'avait pas de larmes pour pleurer.

– *Il* l'a plongé dans un cauchemar sans fin, expliqua Juliet en caressant la joue de Luc.

– Sur le tracé de l'encéphalogramme de Michaël, précisa le professeur un peu calmé, on note des séries de pics : son cerveau est victime de perpétuelles attaques de stress. Il s'agit de chocs de la même intensité que ceux ressentis par les victimes d'attentat ou de tremblement de terre… Il en résulte un état de terreur permanent, une souffrance qui ne peut être soulagée que par des puissants somnifères… Mon fils est ainsi drogué depuis vingt-sept ans, conclut-il en remontant ses lunettes sur l'arête fine de son nez.

– Ne t'inquiète pas, mon chéri, nous allons lui faire payer tout le mal qu'*Il* nous a fait, reprit Juliet en serrant les dents. Demain, j'irai dans le caisson !

– C'était donc ça, grogna sir Patrick J. Treachery… Parce que tu imagines, petite présomptueuse, que tu réussiras là où j'ai échoué…

Juliet s'approcha tout près de son père. Elle devait lever la tête pour affronter son regard :

– Durant toutes ces années, j'ai pensé que c'était le chagrin qui vous avait transformé en monstre. Je me suis trompée : c'est la peur qui vous domine… Et moi, voyez-vous, depuis qu'*Il* s'est attaqué à mon enfant, Jack a justement cessé de me faire peur… Demain, avec ou sans votre permission, j'irai dans le caisson.

Juliet entraîna ses fils vers l'escalier : pour la première fois de sa vie, la petite fille aux yeux bleus avait tourné le dos à son père.

Ils rejoignirent son ancienne chambre, rapprochèrent les deux divans et s'y serrèrent tous les trois.

Qu'allait-il arriver demain ? Quel était ce caisson que Juliet et Patrick avaient évoqué ? Comment leur mère espérait-elle lutter contre Jack ?

Les questions se bousculaient dans le cerveau des frères Céracq :

– Dis Luc, à quoi il ressemble Michaël ? demanda Arthur.

Luc regardait son frère sans répondre : comment l'exprimer ?

– Tu te souviens du masque de Scream ? fit-il enfin.

Arthur hocha vigoureusement la tête.

– Michaël, c'est le masque de Scream, conclut Luc.

Vaincu par la fatigue, Arthur s'endormit, tandis que l'aîné chercha un bon moment le sommeil. Les larmes, qui n'avaient pu couler tout à l'heure, inondèrent l'oreiller : derrière la porte de l'enfer, ce que Luc avait vu, c'était le visage hideux de la mort ; la mort de son petit frère.

# 15

## LES PORTES DU TEMPS

Le lendemain matin, le brouillard engluait les fenêtres, jaunâtre comme un nuage toxique. Après avoir mangé quelques scones nappés de marmelade, Arthur et Luc suivirent leur mère jusqu'à l'escalier conduisant au sous-sol.

Arrivés au bas des marches, ils empruntèrent un couloir différent de la veille, qui zigzagua quelques dizaines de mètres avant d'aboutir face à une porte d'acier.

Sur un petit clavier encastré dans le mur, Juliet tapa un code ; Luc regarda par-dessus l'épaule de sa mère et mémorisa les sept chiffres.

C'était donc là…

Le trio venait de pénétrer dans le laboratoire de sir Patrick J. Treachery. Sur des tables carrelées, s'entassaient des fioles remplies de mélanges colorés, des microscopes de tailles différentes, des seringues aux aiguilles impressionnantes.

Dans des cages, des petits singes effrayés, quelques salamandres, des grenouilles et des souris attendaient, résignés, de servir à de nouvelles expériences.

La collection de cerveaux et de crânes, ayant appartenu à Charles Treachery, occupait tout une étagère. Derrière une vitrine, des bocaux aux reflets verdâtres recélaient des spécimens terrifiants ; serpent à trois queues, lapin siamois, chiot aux pattes palmées, fœtus d'humain cyclope...

De l'autre côté de la pièce, des circuits électriques et des ordinateurs se perdaient dans une jungle de fils. Sir Patrick J. Treachery pianotait sur l'un des claviers. Autour de lui, s'activaient une quinzaine de personnes ; certaines portaient des lunettes rappelant des masques de plongée, d'autres étaient coiffées de casques ou équipées de bracelets métalliques évoquant des instruments de torture.

Tous les visages se tournèrent vers la famille Céracq.

– Ma fille et ses fils, déclara Patrick tout en sauvegardant ses données.

Hochement de tête, timide sourire, chacun salua puis retourna à son travail.

Une vingtaine d'écrans diffusaient des images d'individus enfermés dans des cellules.

– Un de nos programmes de recherches... résuma Patrick qui s'était approché du mur d'images : sept tueurs en série, trois terroristes. À eux tous, ils totalisent plus de 2 300 ans de prison.

Luc et Arthur étaient hypnotisés par le scintillement des moniteurs : ces hommes-là n'avaient ni trois jambes, ni quatre oreilles, ils étaient tellement ordinaires. Ils étaient tellement… comme eux ?

Soudain, l'un des détenus prit sa chaise, l'approcha de la caméra qui surveillait sa prison, grimpa dessus et y colla son œil ; injecté de sang, il le faisait bouger sans arrêt ; on aurait dit un insecte dégoûtant, un mutant gélatineux. Arthur et Luc reculèrent. La voix de l'homme s'éleva dans le labo :

– Le jour où je sortirai d'ici, votre dernière heure aura sonné au cadran de Big Ben, professeur… Ding ! Dong ! Ding ! Dong !

Juliet désigna à ses fils une grande boîte en métal argenté qui trônait au centre de la salle ; elle avait la forme allongée d'un cercueil.

– CIS, précisa Patrick.

– Un caisson d'isolation sensorielle, expliqua Juliet. Luc, tu te souviens du roman de H. G. Wells, *La Machine à explorer le temps* ?

L'adolescent avait adoré ce bouquin, l'histoire d'un savant au XIXe siècle qui invente une machine capable de voyager dans le temps.

– Eh bien, mon chéri, il ne s'agissait pas tout à fait d'un roman, reprit-elle. La machine, dont l'Explorateur se sert pour remonter et descendre le temps, existe.

– Tu plaisantes, maman ?

Entraînant les garçons à part, Juliet leva le voile sur le secret de l'Explorateur, partagé seulement par une poignée d'humains ; on les appelle « Ceux qui savent », et leurs nuits sont souvent blanches.

Après « l'enlèvement » de Michaël par Jack l'Éventreur, sir Patrick J. Treachery avait cherché toutes les solutions pour guérir son fils. Il avait consulté des confrères, qui avaient envoyé de l'électricité dans la tête du pauvre Michaël. Il avait fait appel à des hypnotiseurs, qui avaient endormi le jeune garçon avant de lui donner toutes sortes d'ordres auxquels Michaël n'obéissait jamais.

Un jour, le professeur avait entendu parler d'un ermite vivant sur les pentes de l'Himalaya. On prétendait que cet excentrique préparait des élixirs capables de guérir les pires maux. Patrick avait décidé de braver le froid et la neige, pour saisir cette ultime chance.

Quelques semaines durant, il avait planté son piolet dans les glaciers bleus ; à plusieurs reprises, le froid glacial avait commencé à ronger ses orteils. Certains soirs, il avait entendu des hurlements qui n'étaient pas la voix du vent…

Lorsque le voyageur atteignait un village, il questionnait les habitants mais, chaque fois, la réaction était la même : les villageois, paniqués, s'enfuyaient. Une seule fois, un vieillard essoufflé, à la peau toute parcheminée, avait livré quelques confidences : il avait parlé d'un Européen arrivé au Tibet après la guerre de 1914-1918. Un homme dont le visage avait été déchiqueté par un obus, et qui respirait désormais à l'aide d'un masque. Laissé pour mort dans les tranchées, il était revenu à la vie, avec des pouvoirs hors du commun.

Une nuit, alors que Patrick avait épuisé presque toutes ses provisions et que la fièvre minait ses forces, une silhouette avait surgi devant sa petite tente ; dans son délire, Patrick avait aperçu un visage, ou plutôt un cratère, sans nez ni bouche.

Le lendemain, la fièvre avait disparu ; Patrick avait d'abord cru à une vision, puis il avait repéré le petit sachet déposé devant sa tente. Il contenait une poudre fine et noire comme de la cendre de volcan ; un parchemin indiquait qu'il fallait mélanger cette préparation à de la rosée, l'avaler d'un trait puis…

Une fois rentré en Angleterre, claquemuré dans son bureau, le professeur avait absorbé le breuvage sans se laisser le temps de réfléchir aux conséquences ; à peine la dernière goutte lui avait-elle brûlé la langue, que les hallucinations s'étaient bousculées dans son cerveau. L'Explorateur du livre *La Machine à explorer le temps* lui parlait à l'oreille, lui expliquant comment il avait fabriqué, « pour de vrai », un vaisseau permettant de monter et de descendre le cours des siècles ; exactement comme on aurait emprunté un ascenseur.

Après plusieurs jours d'un sommeil agité, sir Patrick J. Treachery s'était réveillé, couvert de vomissure. À sa grande surprise, il avait découvert sur son bureau un tas de feuilles rédigées de sa propre main, des formules mathématiques et des croquis représentant une petite navette spatiale. Pendant des mois, il avait patiemment assemblé l'appareil qui lui permettrait de débusquer Jack l'Éventreur dans sa tanière.

Un matin, enfin, le caisson avait été prêt pour le grand voyage : Patrick s'était glissé dans ce sarcophage rempli d'eau de mer ; il avait refermé le couvercle sur lui, se plongeant dans l'obscurité totale puis il avait actionné un bouton. Ensuite… Ensuite le caisson s'était mis à vibrer. Sous la pression, le scientifique s'était évanoui. Quand il avait rouvert les yeux, il était installé dans un fauteuil en velours vert à haut dossier. Sur ses genoux, des mains attentionnées avaient posé un plaid écossais. Dehors, on percevait le bruit de sabots ferrés frappant les pavés ; la télévision n'avait pas encore été inventée et l'individu qui lui servait une tasse de thé brûlant était habillé comme s'il se rendait à un bal costumé.

– J'avais réussi... résuma sir Patrick J. Treachery, sourcils froncés et poings profondément enfoncés dans les poches de sa blouse. De son vrai nom, l'Explorateur s'appelle lord Philip Wolf.

En tout, Patrick s'était rendu une dizaine de fois à Londres, en 1888. En compagnie de lord Wolf, qui connaissait évidemment bien la ville, ils avaient arpenté le terrain de chasse de Jack, collecté quelques indices dans de sinistres tavernes et même rencontré le détective Abberline en charge de l'enquête ; mais l'assassin restait introuvable.

Ces excursions dans le passé étaient terriblement éprouvantes. Après sa dernière tentative, sir J. Treachery avait fait une crise cardiaque et son médecin lui avait interdit de renouveler l'expérience.

– Je vais donc y aller à la place de père, décréta Juliet.

Dans le laboratoire, les chercheurs s'étaient figés. Deux plis creusaient les joues du professeur.

– C'est trop dangereux, maman ! Jack va t'emmener ! Je ne veux pas... paniqua Arthur en se jetant dans les bras de sa mère.

– Et moi, je ne veux pas que Jack te suce le cerveau ! cria Juliet, les larmes aux yeux.

Pendant quelques secondes, personne ne prononça une parole ; seuls les petits ouistitis continuaient à crier leur détresse et à secouer le grillage de leur cage.

Dans la tête de Luc, des voix lui soufflaient d'odieuses pensées : et s'il fallait sacrifier l'un des deux, entre son petit frère et sa mère, qui choisir ? Et pourquoi ne se portait-il pas volontaire pour cette mission suicide ? Cette méchanceté et cette lâcheté n'étaient-elles pas l'héritage de Jack ?

– Il y a une procédure à suivre, déclara soudain le professeur en adressant un signe de la main à l'un de ses collaborateurs. Voici le docteur Blake. Il va te préparer.

La décision était prise. Le regard si dur de Patrick se fit plus doux, et il ajouta :

– *Il* connaît tout de nous, ma fille. *Il* fait partie de nous. Lorsque l'heure sera venue, au bout de cette ruelle sombre, méfie-toi… de toi-même.

Le docteur Blake fit passer toute une batterie d'examens à Juliet : prises de sang, analyses d'urine, tests d'effort, contrôle de la tension artérielle, de l'acuité visuelle et acoustique. Il l'avait installée dans une petite chambre. Les garçons n'osaient pas regarder leur mère : son corps était recouvert d'électrodes, sangsues à tête blanche, et une aiguille blessait le creux de son bras. Le docteur Blake venait de lui injecter un sérum pour lui dilater les artères et il lui avait prélevé quelques cellules afin de déterminer son code mémoire génétique.

– Vous êtes apte pour le service ! conclut le docteur, en étudiant les résultats d'analyse.

Il lui enleva les électrodes et l'invita à passer derrière le paravent pour enfiler la tenue conçue pour le voyage. Lorsqu'elle réapparut, elle était vêtue d'une combinaison bleue, légère comme du papier ; ses pieds étaient équipés de chaussons confectionnés dans la même matière, elle portait aussi des gants.

– C'est pour éviter le frottement, expliqua le médecin en l'accompagnant jusqu'au laboratoire.

Le personnel avait déserté les lieux qui étaient plongés dans l'obscurité. Au milieu de la pièce, le caisson avait été préparé : l'intérieur de la machine, lumineux, était en verre translucide et rempli d'une eau claire et tiède.

Juliet tendit une main à chacun de ses enfants ; ils marchèrent jusqu'au caisson, sans un mot, comme s'ils avaient toujours su qu'ils devraient un jour affronter ensemble cette épreuve.

– Les commandes sont à l'intérieur, précisa le docteur Blake en désignant un tableau de bord rudimentaire, incrusté dans le couvercle. Votre père ne voulait dépendre de personne pour cette expérience...

– Il ne viendra pas ? demanda Juliet, la voix un peu éraillée.

Le médecin secoua négativement la tête.

Luc vit réapparaître la petite fille aux yeux bleus ; celle qui avait guetté les pas dans le couloir, toutes ces fois où son père n'était pas venu lui dire bonsoir. Cette petite fille était à l'aube d'une nouvelle nuit. La plus sombre de sa vie.

Juliet regarda son reflet dans l'eau claire du caisson : et si au bout de cette nuit-là, le soleil ne se levait pas ?

Son regard croisa celui de Luc :

– Je te confie ton frère, dit-elle.

L'adolescent sentit du plomb chaud lui couler dans les veines.

Le docteur Blake tendit à Juliet une cagoule et une paire de lunettes, qui ne laissaient filtrer aucune lumière. Elle monta sur un petit escabeau, posa un pied, puis les deux dans le caisson. Enfin, elle s'allongea. Ses mains tremblaient ; le médecin dut l'aider pour refermer le couvercle du « cercueil ».

L'engin vibra pendant plusieurs minutes.

Les enfants retenaient leur souffle. Une main invisible leur serrait la gorge.

Plus rien.

– Elle est partie, annonça le docteur Blake.

Dissimulé dans l'ombre, sir Patrick J. Treachery priait en silence un dieu en qui il ne croyait plus depuis vingt ans.

# 16

# LE TOMBEAU DE L'ARCHITECTE

Il ne restait plus qu'à attendre.

Arthur et Luc se retrouvaient livrés à eux-mêmes. Ils étaient en territoire étranger, voire ennemi ; ils connaissaient à peine leur grand-père acariâtre et encore moins les autres habitants du domaine ; pour couronner le tout, Jack l'Éventreur rôdait dans les couloirs. Pourquoi leur mère n'avait-elle pas pensé à *ça* ? Pourquoi leur mère, pour une fois, n'avait-elle pas pensé à *tout* ?

Que faire de cette liberté tant espérée, maintenant qu'ils en disposaient ?

Après concertation, les garçons décidèrent d'explorer le palais, comme l'avaient fait Juliet et Michaël à leur âge. Ayant constaté que certaines statues dissimulaient un mécanisme actionnant l'ouverture d'une cache, les deux frères entreprirent de serrer la main ou la patte de tous les babouins, tigres, éléphants ou déesses de pierre qu'ils rencontreraient. Au début, l'initiative se révéla décevante : Arthur et Luc avaient beau malaxer, palper et tordre les griffes, pouces ou annulaires, rien ne se produisait.

Finalement, un éléphant blanc qui s'était laissé flatter l'oreille pivota sur son socle et libéra l'accès à une salle accueillant une piscine, malheureusement asséchée depuis bien longtemps. En fin de journée, Arthur et Luc découvrirent l'entrée d'un pigeonnier ; on y avait abandonné un vieux coffre rempli de lettres. Elles étaient rédigées en sanskrit et les garçons ne purent les déchiffrer.

Le lendemain matin, munis de torches électriques, ils partirent visiter l'autre aile du palais. Lorsque Arthur frotta le bec d'un perroquet géant, ils trouvèrent enfin ce qu'ils cherchaient : à l'intérieur du tombeau de l'architecte, l'air vicié piquait les yeux.

Ils allumèrent leur lampe et le squelette de l'architecte apparut : la mâchoire inférieure pendait, comme si la mort avait frappé l'homme à l'instant précis où il bâillait.

– Regarde ! s'écria Arthur en désignant le trésor qui s'étalait à leurs pieds.

Juliet n'avait pas menti, le tombeau de l'architecte regorgeait de pierres précieuses. Arthur plongea les mains dans un panier d'osier et fit ruisseler entre ses doigts quelques diamants, rubis et topazes.

– Arrête ! s'écria soudain Luc. Recule… Recule vers la sortie… Doucement…

Au milieu des émeraudes et des bracelets d'or apparaissaient des serpents d'ébène. Ils se balançaient au son d'une musique imaginaire et crachaient en ouvrant la gueule : l'armée hostile gardait le trésor de Kali.

Luc attrapa Arthur par les épaules et ils se replièrent dans le couloir. Poussant de toutes leurs forces, ils refermèrent la porte du tombeau. Arthur hurla : un serpent s'était échappé ; de bonne taille, il ondulait dans leur direction, la langue sifflante, les yeux fendus d'une griffure noire. Sans réfléchir, Luc s'empara d'un gros vase qui ornait une corniche et le lança sur le reptile. En atteignant sa cible, le vase se brisa en projetant d'innombrables éclats de porcelaine.

– Tu l'as eu… bien fait ! Mais qu'est-ce qu'on va prendre ! remarqua Arthur.

– Ne t'inquiète pas, on va nettoyer, répondit Luc… Attends, il faut être sûr qu'il est bien mort.

Les deux garçons s'approchèrent.

– Il fait peut-être semblant… estima Arthur, sans avancer davantage.

Luc haussa les épaules, pas tout à fait rassuré ; il prit sa lampe de poche pour fouiller parmi les morceaux, prêt à reculer. Comme rien ne se passait, il fouilla plus profond avec plus d'application. La stupeur remplaça la peur : pas d'écailles, pas de sang, aucun morceau de chair…

– Incroyable ! Où est-il passé ? s'exclama Luc en continuant à chercher avec les mains.

Au bout de quelques minutes, les garçons durent se rendre à l'évidence : le serviteur de Kali la Noire avait disparu.

– Tu l'as vu toi aussi, n'est-ce pas ? s'inquiéta Luc.

– Oui… Je crois…

– Comment ça, tu crois… C'est toi qui as crié, imbécile !

– Ne commence pas à m'insulter… Je vais le dire à maman ! s'énerva Arthur avant de fondre en larmes.

– Arrête de pleurer ! Excuse-moi… Excuse-moi… On va tout remettre en ordre et on n'en parlera plus. À personne… Tu promets ?

Arthur hocha la tête en essuyant son nez sur sa manche.

– Allez, aide-moi…

En ramassant les débris, Luc se blessa l'index. Une goutte rouge tacha le marbre ; il voulut l'effacer, rien à faire ; il insista, elle résista.

Sur la dalle blanche, l'histoire des frères Céracq était inscrite. Destins scellés d'un sceau de sang.

# 17

# LES YEUX BLEUS ONT VU LE NÉANT

Trois nuits après l'épisode de l'architecte et des serpents, Andrew, l'homme de confiance de sir J. Treachery, fit irruption dans la chambre d'Arthur et de Luc :

– On m'envoie vous prévenir, messieurs… Votre mère arrive !

Les garçons enfilèrent des chaussons, un peignoir et dévalèrent les escaliers jusqu'au laboratoire. Au milieu de la pièce, la machine vrombissait. Sir Patrick J. Treachery et quelques-uns de ses collaborateurs se tenaient à distance ; le docteur Blake grattait nerveusement sa barbe.

Le caisson émit un ultime hoquet ; le silence succéda au vacarme. Le docteur Blake enfila des gants épais, puis il s'approcha de la machine. Arthur et Luc s'avancèrent à leur tour. Le jeune médecin les regarda, comme s'il guettait leur approbation, puis il souleva le couvercle. Une lumière violente inonda tout le laboratoire : Juliet ne portait plus ses lunettes. À la place de ses yeux et de sa bouche, se dessinait le masque de Scream : trois grands trous noirs et morts.

– Ne la touchez pas ! ordonna sir Patrick J. Treachery.

Le docteur Blake s'éloigna de la machine à reculons. Dans la lumière vive du caisson, la silhouette du professeur paraissait plus fine que jamais. Il se pencha, prit Juliet dans ses bras et, avec une délicatesse infinie, la sortit du caisson ; poupée de chiffon, ses bras et ses jambes pendaient. Autour d'eux, l'équipe restait immobile : des larmes ravinaient les joues creuses du professeur. Il déposa doucement son enfant sur une table en céramique blanche. Du bout des doigts, il ferma les paupières de Juliet : les yeux bleus avaient vu le néant.

– Je t'ai toujours aimée, mon petit, sanglota-t-il comme s'il se parlait à lui-même. Mais tu avais raison... J'avais peur... Tellement peur qu'*Il* te prenne aussi... Tu étais la dernière chose que j'avais à perdre, Juliet...

Arthur avait posé son front sur le ventre de sa mère et sanglotait. Luc regardait la scène comme s'il s'agissait d'un mauvais film, comme s'il suffisait de rembobiner la cassette ou de mettre sur pause pour que cette tragédie cesse.

Sir J. Treachery plaqua soudain la main sur sa poitrine, blêmit, vacilla et s'écroula sur le sol du laboratoire.

Le docteur Blake se précipita, prit le pouls de son maître, ouvrit sa blouse et hurla quelques ordres :

– Amenez le défibrillateur, vite ! L'oxygène ! Aidez-moi à le mettre sur le brancard… Et éloignez ces enfants, leur place n'est pas ici !

Une jeune femme conduisit Arthur et Luc hors de la pièce ; dociles, ils se laissèrent raccompagner jusqu'à la cuisine.

Lorsque Tabitha, la cuisinière, apprit la nouvelle, elle tamponna son gros visage avec un mouchoir :

– Pauvre monsieur ! Pauvre mademoiselle ! répétait-elle en marchant en tous sens.

À l'autre bout de la pièce, Andrew avait appuyé sa tête contre la fenêtre. Entre son pouce et son index, il serrait une médaille en or ; plusieurs fois, il porta le bijou à sa bouche. Lorsqu'il s'aperçut que les frères Céracq le regardaient, il fut gêné :

– Je ne l'ai pas volée. Le professeur me l'a donnée… C'est l'archange Mébaël, il protège les enfants perdus, cria Andrew en quittant précipitamment la cuisine.

Luc regardait dehors, il fixait les torches suspendues au cou des crotales. Ils allaient se réveiller… Ils seraient chez eux et rien de tout cela ne serait arrivé…

L'adolescent se mordit la lèvre, il avait déjà éprouvé ce sentiment lors du décès de son père. Pendant plusieurs semaines, le matin lorsqu'il ouvrait les yeux, il se disait qu'il avait fait un affreux cauchemar ; il sautait du lit, courait vers la chambre de ses parents pour s'assurer que tout était en ordre. Mais dans la chambre de ses parents, une seule tête creusait l'oreiller. Chaque matin, ce coup de poing dans le ventre lui faisait venir les larmes aux yeux.

Les derniers mots de Juliet flottaient dans son esprit : « Je te confie ton frère »… Il se promit de tenir parole. Mais, et lui ? Qui s'occuperait de lui désormais ?

# 18

## LA DÉCISION DE LUC

Épuisés par tant de peine, Arthur et Luc s'étaient endormis, la tête dans les bras, sur la table de la cuisine. Tabitha somnolait dans un rocking-chair près de la cheminée.

Aux premières lueurs de l'aube, l'aîné se réveilla en sursaut. Il avait retrouvé toute son énergie. Il sauta sur ses pieds puis secoua doucement Arthur :

– Je vais trouver Jack et je vais le tuer ! chuchota-t-il sur un ton convaincu.

Arthur le regardait sans réagir, les yeux gonflés.

– Je suis sûr qu'il existe un moyen de tout arranger, continua Luc. Vite, on va au labo…

Les garçons se faufilèrent en silence dans les couloirs glacials. Après avoir fait pivoter la statue du babouin, ils dévalèrent les escaliers. Parvenus devant la porte du laboratoire, Luc se concentra puis il tapa le code à sept chiffres.

– Trop fort ! s'exclama Arthur, admiratif.

La porte s'ouvrit en coulissant. Les deux garçons entrèrent, le cœur battant. Les écrans des ordinateurs et quelques veilleuses diffusaient une lumière phosphorescente. Sur les étagères, les mutants scintillaient dans leurs bocaux de verre. Quelques singes crièrent en découvrant leurs canines.

– Chuuuut ! dit Luc en avançant sur la pointe des pieds.

– Qu'est-ce que vous faites là ?

Le docteur Blake avait surgi, les cheveux ébouriffés, les yeux rougis de fatigue.

Les deux frères sursautèrent. Luc se reprit :

– Nous voulions avoir des nouvelles du professeur, répondit-il en donnant un coup de coude à Arthur.

– Pour l'instant, sir Patrick J. Treachery est toujours inconscient… Je suis désolé, murmura Blake.

Le silence retomba.

– Vous devez partir maintenant, fit Blake.

– Pour aller où ? demanda Luc.

Blake n'avait pas la réponse.

– Nous devons sauver notre mère, annonça Luc.

– Croyez-moi, je comprends votre chagrin, mais…

– Nous allons trouver Jack et nous *Le* tuerons !

– Mais vous ne pouvez rien faire contre *Lui*, vous n'êtes que des enfants…

– Non, monsieur, nous ne sommes pas *des* enfants. Nous sommes *Ses* enfants ! rectifia Luc.

Le docteur hocha la tête comme s'il commençait à comprendre.

– Aidez-nous, s'il vous plaît... Nous n'avons plus personne...

– Je n'ai pas le droit de vous envoyer à la mort !

– Mais moi, je suis déjà presque mort ! balbutia Arthur. *Il* va revenir me chercher, c'est sûr...

Le docteur inspira profondément et passa les mains sur son visage :

– Mon Dieu ! Ce que vous me demandez est difficile... Très bien, je vais vous préparer...

Après une série d'examens similaires à ceux qu'avait subis Juliet, les frères Céracq enfilèrent combinaisons, chaussons et lunettes. Le docteur Blake se tenait à côté du caisson, gardien nerveux des portes de l'enfer :

– Vous allez avoir l'impression qu'on vous arrache les bras et les jambes, expliqua-t-il en aidant Arthur à monter sur le petit escabeau.

Arthur sentit son estomac se serrer.

– Ensuite, vous allez vous évanouir. Du moins, c'est ce que m'a raconté votre grand-père.

Arthur s'était déjà allongé dans l'eau tiède. Luc allait embarquer lorsqu'un bocal sur une étagère attira son attention.

– Attendez une seconde, dit-il en allant examiner la chose de plus près.

– Qu'est-ce que tu fais ? s'inquiéta Arthur.

Sur l'étiquette on lisait *Poudre de l'Himalaya.* Luc en préleva quelques pincées qu'il déposa dans une boîte, en plastique ronde et transparente.

– Vous allez croire que je suis fou... C'est comme si une voix dans ma tête m'avait commandé de le faire... se justifia Luc, en s'installant dans le caisson.

Le docteur Blake ne put s'empêcher de sourire en refermant le couvercle :

– Parce que vous croyez sincèrement, que des gens sains d'esprit embarqueraient dans une machine à explorer le temps pour retrouver Jack l'Éventreur ?

– Je ne peux plus respirer, paniqua Arthur. Je veux sortir, cria-t-il en martelant la paroi avec ses poings.

– Calme-toi, ordonna Luc en bloquant les poignets de son frère. Des gouttes de sueur ruisselaient le long de ses tempes. J'appuie sur le bouton ON… Ça y est ! Ça y est…

L'engin se mit à vibrer en émettant un bruit assourdissant. Les garçons avaient fermé les yeux et il leur sembla tournoyer sur eux-mêmes ; ils se sentirent aspirés par une tornade. Au début, la douleur fut fulgurante : elle explosait dans leurs jambes, leurs bras, leur tête. Puis, leurs membres s'allégèrent, des couleurs éclatantes apparurent. Arthur et Luc commencèrent à se détendre. Des images familières se formèrent dans leur cerveau : ils se revoyaient plus jeunes, ils revivaient des moments agréables, des inconnus leur adressaient des signes d'encouragement.

Un homme se détacha de la foule et une voix familière parvint aux oreilles des garçons : « Je suis fier de vous », disait Simon Céracq en les invitant à le suivre. Arthur et Luc auraient souhaité que cette odyssée ne s'achève jamais.

Une décharge les parcourut de la plante des pieds jusqu'au cœur. Les frères Céracq se tenaient par la main lorsqu'ils perdirent connaissance.

# 19

## LA SOIRÉE DES SPECTRES

– Vous croyez qu'ils aiment le pudding ? *My God !* J'ai fait brûler les scones.

Voici les premières paroles que les frères Céracq entendirent lorsqu'ils soulevèrent leurs paupières lourdes. Face à eux, miss Dorothy Sweany, gouvernante rondouillarde, emmaillotée dans une longue robe noire, la taille serrée par un tablier, sautillait sur place.

– Bienvenue à Londres en 1888 ! s'exclama lord Philip Wolf. Vous êtes Arthur et Luc, *aren't you* ?

L'homme, qui avait servi de modèle au héros de H. G. Wells, était âgé d'une quarantaine d'années et présentait fière allure : il portait un veston de tweed à carreaux, un gilet en soie, une cravate mouchetée, un pantalon clair et des bottes brillantes ; il observait les deux garçons en tirant sur une longue pipe en terre blanche.

Luc mit quelques secondes à réagir, comme si son cerveau était rempli de mélasse :

– Nous sommes vraiment au XIXe siècle ? demanda-t-il, la bouche sèche.

– En pleine révolution industrielle, confirma Philip.

Luc faillit être pris de vertige.

– Monsieur, qu'est-il arrivé à notre mère ? demanda-t-il en tentant de maîtriser le tremblement de sa voix.

Lord Wolf se racla la gorge :

– Votre maman est une personne très déterminée et très courageuse… La nuit de son arrivée, nous sommes partis tous les trois, avec mon majordome James, en expédition dans le quartier de Whitechapel. Elle avait décidé de combattre Jack l'Éventreur sur son propre terrain… Nous avons fait le guet quelques heures au coin de Mitre Square, là où le monstre avait commis son dernier crime. Quand tout à coup…

Dans le salon, il sembla qu'on avait ouvert une porte et que l'hiver s'était brusquement engouffré. Philip rajouta une bûche dans la cheminée et pria Dorothy de servir du thé chaud avant de reprendre son récit.

– Une ombre a surgi… De nulle part ! J'ai failli fuir… La *Chose* se tenait à quelques mètres de nous… J'aurais juré qu'elle n'était pas humaine…

Arthur et Luc sentaient leurs pouls s'accélérer.

– Et puis *Il* s'est mis à parler… Une voix grave qui résonnait aux quatre coins de la petite place pavée, des mots qui rebondissaient dans notre tête, comme un écho dans une grotte… Et savez-vous ce qu'il a dit ?

Les frères Céracq hochèrent la tête.

– *Il* a dit très exactement ceci : « Bonsoir Juliet, comme c'est gentil à vous de me rendre visite. Vous m'avez amené vos fils ? Vous m'avez amené de la chair fraîche ? J'ai grand faim, chère Juliet... »

Et *Il* s'est volatilisé !

Lord Wolf s'interrompit, accablé :

– Tout est de ma faute, je n'ai pas réagi assez rapidement. Votre mère, elle, s'est lancée à la poursuite de Jack. Le brouillard était épais, jaune, un vrai rideau de fumée ! J'ai entendu Juliet pousser un cri, puis ce fut le silence. Comme si une main géante avait bâillonné la ville. Le reste de la nuit, avec James, nous avons cherché votre mère partout. Sans succès.

Dorothy venait de servir un thé doré accompagné de gâteaux fourrés aux raisins secs.

– Deux jours plus tard, alors que j'étais fou d'inquiétude et rongé par le remords, on a frappé à ma porte. Il était plus d'une heure du matin, les coups retentissaient dans toute la maison. L'arme au poing, j'ai dévalé les escaliers. Lorsque j'ai ouvert, il n'y avait pas âme qui vive, juste une carriole tirée par un cheval famélique ; et sur cette carriole, votre mère, sans âme, comme morte !

– Nous allons la sauver ! s'écria Luc. Nous irons voir Charles Treachery, à Cane Hill. Nous lui raconterons toute l'histoire, la vengeance de l'Éventreur...

Les mots se bousculaient dans sa bouche :

– Il nous aidera... Il éloignera David de Londres, il l'empêchera de revoir son véritable père...

– Et vous n'existerez jamais... l'interrompit lord Wolf.

– Pardon ?

– Luc, si vous modifiez un événement du passé, votre histoire familiale en sera bouleversée : David n'épousera peut-être pas Cindy ; qui sait si votre grand-père rencontrera votre grand-mère ? Un seul grain de sable et il n'est pas certain que les maillons de cette chaîne soient réunis, au bon moment, au bon endroit. Un seul grain de sable et vous ne naîtrez pas. Ni vous, ni Arthur.

Arthur fronçait les sourcils en tentant d'imaginer comment il pouvait ne pas être né, tandis que Luc cherchait une faille dans le raisonnement de l'Explorateur.

– La seule solution, reprit Philip, aurait été d'éradiquer le mal à sa source, de tuer l'Éventreur et de l'empêcher ainsi de maudire les siens... Mais j'ai peur que ce ne soit impossible...

– Impossible ? s'exclama Luc. C'est vous qui dites ça ? Vous ! L'inventeur de la machine à explorer le temps ???

La scène fut interrompue par une tornade : un jeune homme d'une quinzaine d'années était entré sans frapper ; il ôta son chapeau d'un coup sec et le lança en direction de la tête de cerf empaillée qui trônait au-dessus de la cheminée. Le chapeau resta accroché dans les cornes.

– Yaouh ! Encore réussi ! s'enthousiasma le nouveau venu avant de se figer, confus.

– Oh pardon, père ! J'ignorais que vous aviez des invités.

– Voici mon fils, Brett, annonça le lord en ébouriffant les cheveux de ce mince garçon blond. Ne vous étonnez pas de ses manières. Brett essaie d'intégrer un club de *gentlemen* spécialistes du lancer de chapeaux.

– Hello ! fit Brett en tendant la main aux garçons.

– Ce sont Arthur et Luc Céracq, précisa Philip.

Brett pâlit :

– La malédiction de l'Éventreur… murmura l'adolescent.

– Je vais le tuer ! affirma Luc se redressant de toute sa taille.

– Ouais ! On va le tuer ! renchérit Arthur en se collant contre son frère.

– Je connais votre histoire, répliqua Brett en serrant chaleureusement les mains d'Arthur et de Luc. Vous pouvez compter sur mon aide.

– Merci, mais votre père prétend qu'on ne peut plus rien contre lui, répondit Luc.

– Vous avez dit ça ? s'étonna le jeune homme en se plantant face à l'Explorateur. N'est-ce pas vous qui m'avez enseigné à ne jamais renoncer ?

Lord Wolf s'empourpra :

– Je vous ai également enseigné à dominer vos passions. Et à me respecter !

– Je vous respecte, père, non pas parce que vous me l'avez ordonné, mais parce que je vous admire ! s'emporta Brett.

L'Explorateur hocha la tête, réfléchit puis sourit :

– *Well !*… Je crois que j'ai une idée pour terrasser le dragon…

Lord Wolf s'approcha d'un petit secrétaire sur lequel étaient disposés un encrier, des plumes d'oie et du papier à lettres. À plusieurs reprises, il plongea la plume dans l'encre, puis la fit crisser sur le papier.

Pendant qu'il rédigeait son message, Brett, Arthur et Luc échafaudaient des plans d'attaque. Dorothy Sweany fit irruption dans la pièce ; elle apportait deux costumes de velours, bleu marine pour Luc et vert bouteille pour Arthur. La panoplie était complétée par des bottes cavalières, une chemise au col cassé et une étroite cravate noire. La gouvernante invita les garçons à passer derrière un paravent pour se vêtir.

– Si maman nous voyait… On est drôlement chics ! estima Arthur en contemplant son reflet dans une grande glace.

Luc haussa les sourcils. En quelques jours, lui qui habituellement ne quittait son jean sale que pour enfiler son jean propre, avait déjà porté un blazer avec un écusson sur la poche poitrine, un pantalon en flanelle grise et une petite cravate brodée aux armoiries de la famille Treachery.

Lord Wolf agita une clochette. Un homme chauve apparut.

– Monsieur a sonné ? fit le majordome.

– Merci de porter ce pli chez Robert Pulitt, lui ordonna Philip en tendant une lettre scellée de cire rouge. Insistez sur le fait que l'affaire est urgente, je vous prie.

Le majordome disparut après avoir salué d'un signe de tête.

– Robert Pulitt est le médium le plus réputé de Londres, murmura Brett. L'adolescent baissa encore la voix. Père interdit qu'on en parle, mais il paraît que c'est un descendant des druides, ceux qui pratiquaient des sacrifices humains à Stonehenge…

Lord Wolf faisait les cent pas dans le salon. De temps en temps, il soulevait les voilages qui masquaient Regent Street : il neigeait. Les passants marchaient courbés en deux pour affronter les bourrasques ; les hommes retenaient leur chapeau et aidaient galamment les femmes à ne pas glisser. Juchés sur leurs fiacres, les cochers avaient troqué leurs manteaux de drap noir contre des capes d'hermine blanche.

– Il arrive ! s'écria Philip en se précipitant vers la porte.

Un homme frigorifié fit son entrée dans le salon. James le débarrassa de sa pelisse alourdie par la neige. Le *gentleman* était âgé d'une quarantaine d'années ; il s'était parfumé à la violette de Canterbury et arborait des favoris frisés, qui lui descendaient jusqu'au menton. Une paire de lunettes rondes cerclées d'or faisaient ressortir ses yeux maquillés de khôl et étonnamment perçants. Il portait à l'annulaire droit une chevalière à tête de mort et une croix pendait sur sa poitrine.

– Il est un peu gothique, chuchota Luc à l'oreille de son frère.

– Si vous voulez prendre place, invita lord Wolf en désignant les cinq chaises que James avait disposées autour d'une table ronde.

– Connaissez-vous le spiritisme ? demanda Brett.

– Le truc avec les morts, résuma sommairement Luc, sur ses gardes.

– *Right !* On communique avec leur esprit, précisa Brett.

– Les morts ?

Arthur frissonna.

– Les morts ne nous veulent pas de mal, expliqua Philip en prenant Arthur par les épaules. Au contraire. Ils savent beaucoup de choses que nous ignorons. Ce sont des guides…

Le majordome éteignit les lampes à pétrole et souffla les chandelles. La pièce était plongée dans l'obscurité ; seuls les reflets du feu projetaient une lumière orangée sur les visages.

Robert Pulitt embrassa sa croix :

– Posez les mains sur la table, je vous prie, bien à plat, doigts écartés… Votre auriculaire doit toucher celui de votre voisin. Inspirez profondément, puis expirez. Chassez tout l'air de vos poumons, n'écoutez plus que ma voix…

Arthur et Luc s'agitaient sur leur chaise.

– Je vais maintenant interroger les esprits, reprit le médium. Un coup pour « oui ». Deux coups pour « non »… Esprit, es-tu là ? demanda-t-il d'une voix forte.

Dans le feu, la braise crépita.

– Fais-toi connaître ! Maintenant ! ordonna Robert Pulitt.

La table vibra puis on perçut distinctement un bruit sourd.

– Maman ! hurla Arthur.

– Silence ! gronda le médium.

Arthur pensa très fort à sa mère et pinça les lèvres pour ne pas pleurer. Luc souleva une paupière : les yeux de Pulitt étaient grands ouverts et fixes.

– Es-tu un esprit bienveillant ? demanda-t-il.

Un coup dans le mur.

– Nomme-toi ! ordonna Robert.

Une voix emplit la pièce. Une voix que les frères Céracq auraient reconnue entre mille.

– Papa ? s'étrangla Arthur. Papa, c'est toi ?

Luc se leva et rejeta sa chaise en arrière :

– Vous avez enregistré la voix de mon père ?

– Je suis Simon Céracq, votre père, reprit la voix empreinte d'une grande sincérité.

– C'est ça… Et moi je suis Harry Potter, ricana Luc, les pommettes rosies.

– Tu as une tache derrière le crâne, Luc, reprit la voix. Une tache de vin cachée par tes cheveux. J'ai la même, ton frère également… Nous l'appelions le blason Céracq.

Luc sentit son estomac se retourner.

– Quant à toi, mon Arthur, le premier mot que tu as prononcé quand tu étais bébé, ce n'était ni « papa », ni « maman », mais… « Lulu » !

Des tenailles d'acier enserraient la poitrine des deux frères.

– Pourquoi nous as-tu abandonnés ? s'écria Luc.

– Je ne vous ai pas abandonnés ! protesta la voix. *On* est venu me chercher. C'était mon heure, les garçons… Mais je n'ai pas le droit de parler de ça…

Simon Céracq marqua une pause :

– Vous devez être très prudents… L'Éventreur est bien plus qu'un assassin… *Il* est votre part d'ombre. *Il* connaît vos failles et vos lâchetés ; un défaut de vigilance, une faiblesse… et vous lui appartiendrez…

– Je ne comprends pas, papa.

– Je ne puis en dire davantage, Luc. Le moment venu, tu sauras. Aie confiance en toi !

– Papa ? Papa ? cria Arthur.

– Il s'en est allé, constata le médium, en s'épongeant le front avec un mouchoir. Ses cheveux étaient collés par la sueur et il tremblait.

– Peut-être devrions-nous arrêter, proposa lord Wolf.

Robert Pulitt se leva brusquement de sa chaise. Il posa les mains sur la croix qui pendait sur sa poitrine et la serra de toutes ses forces. Son ventre s'arrondit, comme s'il avait absorbé des litres d'eau ; sa gorge enfla, ses joues gonflèrent : une forme blanche sortit de sa bouche en se tortillant, déformée. En s'élevant dans les airs, elle grossit, dessina les contours d'un profil, un visage d'homme.

– Abandonnez vos recherches sur Jack l'Éventreur ! ordonna le spectre. Ou sinon…

Le visage se métamorphosa en boule de feu ; elle tournoya sur elle-même, de plus en plus vite, crépita et se solidifia avant d'éclater, projetant des éclats tranchants à travers la pièce.

– Regardez ! s'exclama lord Wolf.

Le mur saignait ! Le papier peint fleuri était criblé d'échardes acérées. Une inscription rouge dégoulinait.

Arthur lut à haute voix : JE VOUS AURAIS PRÉVENUS… Une main ensanglantée ponctuait l'avertissement.

– Cette voix… Je la connais ! répétait Luc en marchant dans la pièce, fouillant dans sa mémoire.

L'adolescent s'immobilisa, porta la main à sa bouche et se tourna vers les autres :

– C'est Andrew ! C'est la voix d'Andrew, l'homme de confiance de grand-père…

# 20

## *THE GAME ISN'T OVER !*

– Nous allons prendre un peu de repos et, demain, nous trouverons une explication rationnelle à ce prodige… décréta l'Explorateur en avalant une bonne rasade de brandy.

Lord Wolf invita Robert Pulitt à rester pour la nuit et commanda à James de préparer la chambre de son hôte. Il sonna également Dorothy Sweany pour qu'elle s'occupe des enfants.

Lorsque la gouvernante découvrit les traces sur le mur, elle s'étrangla :

– *My God !* Nous sommes maudits, c'est la maison du diable… Je démissionne, s'écria-t-elle en dénouant son tablier.

– Je vous en prie Dorothy, la supplia Philip. Que deviendrions-nous sans vous ?

La vieille femme faisait mine de réfléchir, les poings sur les hanches.

– Chaque fois que père nous réserve une aventure un peu bizarroïde, Dorothy rejoue la même scène, ironisa Brett.

– Bon, conclut la gouvernante en reprenant son tablier. Mais c'est la dernière fois. Que monsieur ne l'oublie pas !

Dorothy installa les frères Céracq dans une chambre voisine de celle de Brett. Les garçons s'effondrèrent sur les lits, au milieu des oreillers et des édredons brodés. Un feu de cheminée crépitait et des bouillottes réchauffaient les draps. La maison était très humide.

Les murs étaient ornés de tableaux représentant des scènes de chasse : des hommes, habillés en veste de velours rouge et coiffés de chapeaux noirs, traquaient un cerf effrayé, tandis que des renards cherchaient refuge dans les buissons. Des chiens blanc et marron accompagnaient leurs maîtres.

Sur une coiffeuse en marbre étaient posés une cuvette et un broc pour la toilette, tandis que les étagères en bois croulaient sous les livres. Luc remarqua quelques noms familiers : Edgar Poe, Charles Baudelaire et Robert Louis Stevenson.

– Je suis sûr que c'était la voix d'Andrew, marmonna-t-il. Tu l'as reconnue toi aussi, n'est-ce pas ?

– Je ne sais pas, avoua Arthur. Tout se mélange dans ma tête… Je voudrais être chez nous, avec maman… Et avec papa…

Dorothy revint dans la chambre pour remplir la cuvette d'eau chaude ; Luc se leva et s'aspergea le visage.

– Et voici vos chemises de nuit, dit la gouvernante en dépliant deux longues robes blanches, brodées de dentelle aux poignets.

– Nos chemises de nuit ? s'étrangla Luc. Mais c'est pour les filles !

– Les *gentlemen* de bonne famille dorment en chemise de nuit, répliqua Dorothy avec un air pincé.

– Nous, on dort tout nus ! brailla Arthur.

– Dormir tout nu… Quelle honte ! Je vais de ce pas dire à monsieur que je ne resterai pas une seconde de plus dans cette maison de débauchés !

La gouvernante claqua la porte si violemment que les tableaux tremblèrent. Épuisés, Arthur, Luc et Brett se glissèrent dans des draps qui avaient séché dans le *fog* londonien.

Quelques heures plus tard, Luc se réveilla en sursaut : Arthur gémissait et se débattait dans son sommeil. Luc bondit vers lui et le secoua.

– Qu'est-ce que tu as ? Réveille-toi !

– Laissez-moi ! criait Arthur. Non !

– Arthur ! C'est moi, c'est Luc !

Arthur ouvrit les yeux : ses pupilles noires étaient dilatées, le disque bleu des iris disparaissait. Luc sentit ses jambes se dérober, la chambre tanguait autour de lui. La voix de Simon Céracq retentit dans sa tête :

– Sers-toi de la poudre ! La poudre de l'Himalaya !

Il recouvra ses esprits, prit sa veste de velours posée sur la chaise, la retourna dans tous les sens pour trouver la bonne poche, sortit la boîte subtilisée dans le laboratoire du professeur, la fit tomber par terre, la ramassa, l'ouvrit, renversa un peu de poudre sur le tapis, en coinça une pincée entre le pouce et l'index, puis la déposa sur le bout de sa langue… Luc se tenait debout au centre de la pièce, jambes nues, les bras le long du corps, les poings serrés, le souffle précipité. D'où viendrait le premier coup ? Et qui le porterait ?

Ce fut comme une attaque de fièvre : il frissonnait, des crampes lui raidissaient les muscles, le feu lui rongeait le ventre. Il s'agenouilla et se prit la tête dans les mains. *Il* était à l'intérieur de lui ! *Il* lui tourmentait l'âme. *Il* lui souillait le cœur.

– Tu en as du culot de t'introduire ainsi dans mon cerveau, jeune Céracq ! rugit-*Il*.

La nausée enflait dans la gorge de Luc. Des images violentes défilaient devant ses yeux sans qu'il puisse s'y soustraire ; des voix terrifiées lui martelaient les tympans sans qu'il puisse les faire taire.

– Assez ! Arrêtez ! supplia Luc, les mains plaquées sur les oreilles.

– Il ne fallait pas me provoquer ! Tu n'es pas de taille ! Ne lutte plus ! Rejoins-moi, Luc, tu verras… Renoncer est si facile…

Un gouffre s'ouvrait devant l'adolescent ; il suffisait de sauter et tout serait fini… Ses pieds se soulevaient…

Arthur apparut. À travers un brouillard rouge qui piquait les narines, il tendait les bras vers son grand frère. Son visage était parcheminé, ses cheveux tombaient par touffes, ses lèvres se craquelaient :

– Aide-moi, Luc. Pitié !

Luc respira un grand coup. Il se rattrapa au bord du gouffre, griffa la glaise et la roche avec ses ongles. Venue du fond des âges, il hurla la devise de ceux qui refusent de se soumettre :

– Je n'ai pas peur ! Je n'ai-pas-peur-de-Vous !

Une ultime secousse, brutale ; un craquement, une déchirure. Les frissons cessèrent. Luc ouvrit les yeux : Arthur et lui étaient recroquevillés sur le tapis, trempés de sueur. Brett, alerté par leurs cris, les avait rejoints. Il n'osait ni parler, ni bouger.

– Lu… Lulu ? bafouilla Arthur.

– Arthur ! Tu es revenu ! On a gagné !

Les deux frères s'étreignirent en pleurant de joie. Soudain, Luc se raidit : une inscription écarlate maculait le mur. Ponctué d'une empreinte de main humaine, comme pour le message précédent, l'avertissement était clair : *The game isn't over !*

# 21

## LA TAVERNE DU LION ROUGE

– Je connais quelqu'un qui pourra nous aider, déclara Brett.

Quelques minutes plus tard, le trio descendait les escaliers sur la pointe des pieds, chaussures à la main.

Ils se tenaient sous le porche à colonnes de la belle maison blanche. Le jour se levait, mais il régnait déjà une animation intense dans la capitale anglaise. Les femmes de chambre briquaient les plaques de cuivre ; des valets de pied, vêtus de gilets rayés, promenaient des chiens, tandis que d'autres étalaient de la paille sur la chaussée, afin que le bruit des charrettes de livraison ne réveille pas leurs maîtres.

– On va prendre l'omnibus, expliqua Brett tandis qu'il traversait la rue à grandes enjambées.

Les garçons longèrent en courant des demeures élégantes, protégées par des barrières hérissées de pointes ;

ils sautèrent dans une lourde voiture rouge, tirée par deux chevaux visiblement épuisés.

– Restons sur l'impériale, proposa Brett en désignant une plate-forme sur laquelle on voyageait à l'air libre. Vous découvrirez mieux la ville.

D'abord, il y avait le bruit, ou plutôt le brouhaha, une rumeur sourde, ponctuée d'éclats de voix. Tout le monde parlait fort, voire beuglait : les marchands de tartes, de bières, les porteurs d'eau, les vendeurs ambulants de soupes d'anguilles ou de rognons frits, les crieurs de journaux...

À chaque angle de rue se formaient des attroupements : là, un montreur d'animaux savants avait dressé des petits macaques qui jouaient de l'orgue de Barbarie et saluaient l'assistance avec de gracieuses révérences. Ici, un prédicateur juché sur une chaise annonçait la fin du monde. Les calèches avançaient lentement, les unes derrière les autres.

– C'est pire qu'à notre époque ! constata Luc.

– On descend, annonça Brett en sautant de l'omnibus. Nous irons plus vite à pied.

– *Shit !* s'exclama Arthur qui venait de glisser dans du crottin de cheval. C'est dégoûtant !

– C'est Londres, mon cher... plaisanta Brett en entraînant ses amis du côté des docks.

– Où va-t-on exactement ? demanda Luc.

– Herbert George, un de mes amis professeurs, se fait quelques shillings en écrivant des articles pour le quotidien *The Star*. Il enquête sur les meurtres de Jack l'Éventreur et, pas plus tard qu'hier, il m'a confié avoir une piste sérieuse. À cette heure, on le trouvera à la Taverne du Lion Rouge.

– Et ton père te laisse aller dans des tavernes ? s'étonna Luc.

– Je ne lui raconte pas, répondit Brett en haussant les épaules. Tu racontes tout à ta mère, toi ?

– Ben oui, je crois…

– Tu es encore jeune, répliqua Brett. Tu verras, dans quelques années, ça te passera. Venez, ce n'est pas prudent de traîner ici…

Il releva le col de sa redingote et pressa le pas.

Ici, plus d'élégants messieurs portant des gants clairs ni de dames délicates aux chapeaux garnis de plumes d'autruche. Ici, les hommes portaient la casquette enfoncée sur des visages noircis par la crasse et le charbon ; souvent, quelques dents leur manquaient et lorsqu'ils croisaient votre chemin, vous aviez intérêt à vous écarter. Quant aux femmes, leurs traits étaient fatigués, et les ourlets de leurs robes déchirées traînaient dans la boue.

Ils arrivèrent devant la Taverne du Lion Rouge ; sur une enseigne, qui oscillait dans la brise marine, un lion ouvrait une gueule démesurée. Brett poussa la porte avec assurance. Arthur et Luc, guère rassurés, suivirent leur camarade.

L'endroit empestait l'aubergine frite ; la fumée de cigarette irritait les yeux et la gorge. Une grosse dame, maquillée avec beaucoup de rouge sur la bouche et beaucoup de bleu sur les paupières, s'approcha d'eux :

– Et ils vont où comme ça, ces mignons ? demanda la femme en chatouillant Brett sous le menton.

– Pardon madame, nous cherchons le journaliste Herbert George, répondit Brett en enlevant son chapeau.

Arthur se dissimulait derrière les deux aînés pour ne pas voir l'ogresse.

– Au fond, sur la banquette… indiqua la dame du doigt. J'espère qu'il aura dessoûlé… ricana-t-elle, en découvrant d'affreuses dents couleur jaune poussin.

Les trois garçons se frayèrent un chemin entre les tables ; la plupart des clients portaient des cabans de marins ; d'autres individus, à l'air louche et aux costumes lustrés, les observaient avec intérêt.

– Faites gaffe, c'est plein de pickpockets, avertit Brett. Ah ! Voilà Herbert.

Sur une banquette de velours tachée, un jeune homme d'une vingtaine d'années dormait la bouche ouverte. Brett le secoua doucement, puis un peu plus rudement. Le jeune homme ronfla de plus belle.

– Besoin d'un coup de main, les mômes ? demanda la grosse dame.

– Il dort vraiment profondément, soupira Brett.

– Je vais vous arranger ça …

Un instant plus tard, la matrone était de retour. Sans hésiter, elle déversa sur Herbert un baquet d'eau sale et froide ; le jeune homme se réveilla en hurlant.

– Et voilà le travail… Ça fera dix pennies, continua la sorcière en tendant sa main potelée.

Brett sortit une bourse de la poche de son gilet et y déposa un shilling.

– Si vous pouviez apporter du café et des œufs, je vous prie…

– Tout ce que tu voudras mon prince… Du moment que tu paies, grimaça l'horrible femme en mordant dans la pièce.

– Pourquoi est-ce qu'elle a fait ça ? chuchota Arthur tandis que la mégère rejoignait son comptoir.

– Pour vérifier qu'il ne s'agissait pas de fausse monnaie. La fausse monnaie est beaucoup plus tendre, précisa Brett avec une fierté de connaisseur.

– Quel jour sommes-nous ? bredouilla Herbert George, en essuyant ses lunettes avec un pan de sa chemise trempée.

– Jeudi 27 novembre, répondit Brett en lui tendant un mouchoir propre et brodé. De l'an 1888, bien sûr.

La grosse dame déposa devant le journaliste une assiette fumante.

– Mangez ! commanda Brett. Mangez, mon ami…

Sans plus attendre, le journaliste dévora à belles dents et bruyamment, puis il s'essuya la bouche sur sa manche. Herbert avala encore deux tasses de café noir, l'une derrière l'autre.

– Je vous écoute Brett, déclara-t-il enfin, tout à fait réveillé.

– Hier vous m'aviez parlé d'une piste concernant notre ami « Jack », chuchota Brett en vérifiant autour de lui que personne n'écoutait leur conversation.

– En effet, approuva Herbert en observant avec suspicion Arthur et Luc.

– Vous pouvez leur faire confiance, le rassura Brett.

Herbert se détendit et commença à raconter l'épisode qu'il avait vécu trois jours plus tôt.

Cette nuit-là, comme à son habitude, Herbert George traînait du côté de Chick Lane, à la recherche d'un reportage sortant de l'ordinaire.

– D'abord, j'ai entendu un cri de femme… Un hurlement à vous glacer le sang… Et puis je l'ai vu… Là ! À quelques mètres de moi, *Il* a surgi ! *Il* portait un grand manteau, et il était couvert de sang…

Herbert et l'inconnu s'étaient affrontés du regard, puis l'homme s'était enfui.

– Je l'ai poursuivi. J'étais certain qu'il s'agissait de l'Éventreur. Le flair du reporter !

La course avait duré quelques minutes. Leur foulée résonnait sur les pavés luisants de pluie. Herbert se fatiguait, un point de côté le faisait souffrir.

– *Il* commençait à me distancer et, à un moment, je l'ai perdu de vue…

Herbert se resservit en café, noir comme du jus de chaussette.

– Je me suis retrouvé dans une petite cour sans issue. Où diable avait-il pu disparaître ?

Brett, Arthur et Luc retenaient leur souffle.

– Et puis j'ai compris… La solution de l'énigme se trouvait juste sous mes pieds ! Une trappe ! Une trappe qui débouchait dans les égouts… Grâce à ce stratagème, Jack avait réussi à échapper à la police depuis toutes ces semaines…

Herbert avait soulevé la trappe. On n'y voyait goutte. À tâtons, ses mains avaient trouvé une échelle en fer. Il s'y était cramponné et était descendu dans le ventre de la terre. En bas, il s'était retrouvé face à quatre chemins différents : où chercher ? À droite ? À gauche ? Devant ? Derrière ? Il avait tendu l'oreille ; des coups sourds faisaient vibrer ses tympans. Était-ce l'écho des pas pressés du monstre ou bien les battements affolés du propre cœur d'Herbert ?

– J'ai suivi un couloir, puis un autre… Finalement, j'ai dû renoncer… Les égouts, ce sont des kilomètres et des kilomètres de souterrains, un véritable labyrinthe… J'avais le reportage de ma vie à portée de main et pfuittt… Quelle guigne ! s'énerva Herbert en tapant du poing sur la table.

Quelques têtes se tournèrent en direction du petit groupe. Arthur et Luc se tassèrent sur leur chaise ; la dernière chance de sauver leur mère semblait bel et bien s'être envolée.

– Minute ! s'exclama Brett. N'y a-t-il personne qui pourrait nous guider dans ces fichus égouts ?

– J'y ai bien pensé, répondit le journaliste avec une moue résignée. Les Irregulars connaissent ce dédale comme le fond de leur poche percée.

– Qui sont les Irregulars ? intervint Luc.

– Les Irregulars de Baker Street sont une bande de gamins des rues qui, moyennant récompense, fournissent de temps en temps des renseignements à Sherlock Holmes, expliqua Brett.

– Peut-être bien qu'ils voudront nous aider ? dit Luc, à nouveau plein d'espoir.

– Ils le feraient sûrement, ricana Herbert… Si on leur donnait de l'argent. Beaucoup d'argent ! Moi-même, je n'en ai déjà pas assez pour me nourrir.

Brett détacha discrètement la bourse accrochée à sa ceinture et répandit son contenu sur la table : une dizaine de livres.

– Tu crois que ce serait suffisant ? demanda-t-il.

– Pour connaître le repaire de l'Éventreur ? J'ai bien peur qu'il n'en faille plus pour délier les langues, estima Herbert en hochant la tête.

Sans dire un mot, Arthur sortit de sa poche une poignée de rubis, de diamants et d'émeraudes ; il déposa son butin au centre de la table poisseuse. Luc le regardait avec stupeur :

– Tu les as piqués dans le trésor de Kali ?

– Il y en avait tellement, j'ai pensé que si j'en prenais quelques-uns, ce ne serait pas très grave…

– Tu es génial… le félicita Luc en ébouriffant la tignasse de son frère.

Puis il s'adressa à Herbert :

– Et avec ça, monsieur, croyez-vous que les langues se « délieront », comme vous dites ?

– Avec ça ? s'exclama Herbert, les yeux brillants… Avec ça, tu ferais parler un muet et peut-être même un mort !

Ragaillardi, le journaliste se leva de la banquette sur laquelle il avait imprimé la marque humide de son derrière.

– En route, dit-il, je vais vous présenter à Scottie, le chef des Irregulars.

Pour sortir de la taverne, la petite troupe se fraya un chemin entre les tablées de marins, qui portaient des couteaux aiguisés à la ceinture. Dehors, au-dessus du lion rouge, des mouettes se disputaient quelques charognes. Les quatre silhouettes se perdirent dans la brume qui montait de la Tamise.

## 22

## UN CHEF DE BANDE ÂGÉ DE DOUZE ANS

Arthur et Luc avaient du mal à respirer ; l'air était suffocant, chargé de soufre et de fumées.

– Mettez un mouchoir sur votre nez, les gars ! ordonna Herbert en remontant sur son visage un carré de tissu bleu.

Les autres l'imitèrent ; masqués ainsi jusqu'aux yeux, on aurait dit une bande de malfaiteurs à la recherche de quelque innocente victime. Dans ce quartier de briques noircies, l'odeur devenait plus insupportable à chaque pas : des troupeaux entiers de vaches se rendaient aux abattoirs en meuglant et les enfants pataugeaient dans l'urine et les bouses. Arthur et Luc avaient la nausée et frissonnaient en se demandant quelles tribus, des orques ou des gobelins, pouvaient bien peupler ces abysses. Lorsque le brouillard se déchira sur la Tamise, les frères Céracq obtinrent la réponse à leur question. Et c'était bien là le spectacle le plus désolant qu'il leur ait jamais été donné de voir.

– *Les mudlarks*... présenta Herbert d'un air navré.

– Les « hirondelles de vase », répéta Brett.

Des hommes, des femmes mais surtout beaucoup d'enfants très jeunes s'enfonçaient jusqu'aux genoux dans la vase du fleuve. À mains nues, ils fouillaient les ordures charriées par les marées, à la recherche de nourriture ou d'un objet susceptible d'être revendu.

Arthur et Luc étaient pétrifiés. Il y a un peu plus d'un siècle, c'était donc ça, la vie ?

Luc se rappela un reportage qu'il avait vu à la télévision quelques semaines avant le début de cette aventure ; la caméra avait filmé des gamins brésiliens habitant sur une montagne de détritus. De temps à autre, l'un d'eux trouvait un trésor, une boîte de conserve à moitié pleine par exemple. Au-dessus de la tête de ces gosses, les mouettes tournaient en criaillant. Au XXI$^{e}$ siècle, c'était donc toujours ça, la vie ?

– J'ai repéré Scottie, annonça Herbert. Je vais le chercher.

Le journaliste descendit avec précaution les marches couvertes de mousse qui s'enfonçaient dans les eaux troubles du fleuve. Un rat de la taille d'un chat passa sur les pieds des frères Céracq et disparut dans un soupirail. Luc serra fort la main glacée de son petit frère :

– On fait ça pour maman, chuchota-t-il en essayant de dominer le tremblement de sa voix.

Herbert revint accompagné d'un môme âgé d'à peine douze ans. Une casquette trop grande lui dissimulait en partie le visage.

– Paraît que t'as besoin de nous, milord ? demanda-t-il avec une voix bien rauque pour son âge.

Brett se racla la gorge et prit les affaires en main, expliquant franchement le marché : les Irregulars les menaient jusqu'à la tanière de Jack l'Éventreur et, en échange...

– C'est trop dangereux... l'interrompit Scottie. Y' a déjà pas mal de gosses du quartier qui ont voulu descendre y voir... Eh ben on les a jamais revus ! La rumeur, elle dit que l'Éventreur, c'est pas un homme... La rumeur elle dit que l'Éventreur, c'est une bête...

Scottie s'apprêtait à repartir lorsque Luc sortit de sa poche les pierres précieuses ; elles scintillaient dans la faible clarté de ce matin pâle.

– Est-ce que ceci te rendrait ton courage ? s'entendit demander Luc.

Le rouge monta aux joues de Scottie.

– Qui es-tu, morveux, pour venir me donner des leçons sur mon propre territoire ? s'énerva le jeune garçon en envoyant un grand coup de poing dans l'estomac de Luc. Celui-ci se plia en deux.

– Arrête, Scottie ! intervint Herbert. Arrête... Il est là pour sauver sa mère...

Scottie, qui s'apprêtait à frapper à nouveau, stoppa net son geste.

– Qu'est-ce qu'elle a ta mère ? C'est quoi le rapport avec l'Éventreur ? demanda-t-il, le menton pointé en avant.

Assis par terre, le souffle court, Luc planta ses yeux dans ceux de Scottie :

– Ce serait trop long à t'expliquer… Tout ce que je peux dire, c'est que si je ne trouve pas Jack, ma mère mourra.

D'un geste rageur, Luc s'essuya le nez avec sa manche.

Scottie se balança d'un pied sur l'autre, puis il tendit la main à Luc pour l'aider à se relever :

– Marché conclu ! dit-il. Les pierres contre Jack…

Scottie siffla trois fois ; un instant plus tard, une douzaine de mômes aux visages crasseux encerclaient les visiteurs. Le plus jeune ne devait pas avoir plus de cinq ans et le plus vieux ne dépassait pas les quatorze. Scottie montra les diamants et les émeraudes, puis il annonça la couleur :

– Pour avoir une part du gâteau, faut descendre dans les égouts pour trouver l'Éventreur…

Un murmure d'effroi parcourut le groupe ; quelques-uns firent « non » de la tête. Un grand, défiguré par une vilaine cicatrice, avança d'un pas :

– Tim, le frère de la Mary Mad, y paraît que lui, il l'a vu Jack… Eh ben maintenant, Tim, y paraît qu'il a plus de bouche pour en parler et qu'il a plus d'yeux pour en pleurer… Moi je descends pas aux enfers !

Arthur et Luc se regardèrent : ils étaient sur la bonne piste.

– O.K. ! Ceux qui font dans leur culotte restent ici. Les autres me suivent, trancha Scottie en tournant les talons ; sept gars lui emboîtèrent le pas. Arthur, Luc, Brett et Herbert les imitèrent : la petite armée s'engagea dans une ruelle sombre, nichée dans l'ombre menaçante de la Tour de Londres.

Avant de mener les frères Céracq jusqu'à l'antre de Jack, Scottie avait tenu à faire un détour par chez lui. Luc et Arthur tentaient de suivre son allure rapide. À nouveau, ils s'étaient engagés au cœur de la grande cité. Et à nouveau, ils retrouvaient le bruit et la fureur : de chaque côté de la rue, des tailleurs, des cordonniers, des quincailliers et des fourreurs s'affairaient dans leur boutique. Sur des feux de charbon, on faisait griller des pommes de terre. Les ateliers de repassage étaient ouverts sur la rue et les femmes criaient des choses qu'Arthur et Luc ne comprenaient pas.

Scottie s'immobilisa devant un immeuble en bois, dont on se demandait comment il tenait debout.

– Venez, fit-il à Luc, Arthur et Brett.

À la suite de Scottie, tous les trois s'engagèrent dans l'entrée de l'immeuble, une allée humide ; ils descendirent des escaliers de pierre usés pour arriver devant une porte vermoulue.

– 'Soir p'pa, dit Scottie en pénétrant dans une pièce minuscule et glaciale, éclairée par un soupirail.

– Bonsoir monsieur, murmurèrent Luc, Arthur et Brett en ôtant leur chapeau.

L'homme, aux cheveux blancs et à l'air épuisé, leva vers les visiteurs son regard bleu délavé. Il salua d'un bref mouvement de tête et se remit à coudre un manteau de marin. Autour de lui, quatre enfants maniaient eux aussi l'aiguille, tandis qu'une jeune fille s'affairait au-dessus d'un poêle à charbon ; elle touillait une mixture dans une gamelle cabossée.

– C'est ma famille, expliqua Scottie. Une misère pareille, milords, je parie que vous aviez jamais vu ça, hein ?

Partagé entre révolte et culpabilité, Luc ne savait que dire ni que faire.

Dans un coin, sur une planche sans matelas, une femme était allongée, couverte d'une couverture trouée ; son teint était gris et ses lèvres craquelées. Scottie s'agenouilla auprès d'elle et s'empara délicatement de sa main :

– M'man, c'est moi, c'est Scottie… Regarde ! dit-il en lui montrant les pierres. Nos ennuis sont finis, on va quitter ce taudis. Tu vas guérir, m'man…

Pendant quelques secondes, la femme resta sans réaction, puis d'une voix à peine audible, elle murmura :

– Oh ! Scottie, tu es devenu un voleur…

Des larmes roulèrent sur les joues sales de la femme.

– Non m'man ! J'te jure, je les ai gagnées !

Luc, la gorge nouée, s'agenouilla à côté de Scottie :

– C'est vrai, madame ! Votre fils est très courageux. Vous pouvez être fière de lui.

Un faible sourire illumina le visage de la femme :

– Merci, murmura-t-elle avant de fermer à nouveau les yeux.

– *Let's go !* ordonna Scottie en se mettant debout.

Au passage, il embrassa son père :

– Je rentrerai tard, daddy. T'inquiète pas, lui dit-il avant de s'approcher de la gamelle de ragoût qui cuisait sur le poêle. Il y plongea une louche et l'engloutit d'un trait.

– Vous en voulez ? proposa-t-il. C'est du ragoût d'avoine.

Les garçons déclinèrent poliment l'offre malgré les gargouillis de leurs estomacs.

Un instant plus tard ils étaient dehors ; Scottie offrit une cigarette aux garçons.

– Tu fumes à ton âge ? s'indigna Luc. Mais si tu continues, à quarante ans tu seras mort.

– Mais d'où tu viens, toi ? De toute façon, à quarante ans, je serai mort depuis longtemps…

Scottie se mit alors à raconter comment les enfants pauvres, pour aider leurs parents, devaient travailler dans les grandes tanneries, les magasins de laine ou les fabriques de colle :

– En plus le dimanche, on est obligé d'aller à l'école. « Pour notre bien » qu'ils disent… Pour apprendre à lire et à écrire.

Le coup de l'école le dimanche, alors ça ! Arthur en avait la mâchoire qui se décrochait.

– Ma mère, elle a même pas trente ans, continua Scottie. Et tu l'as vue ? Elle travaillait dans une manufacture d'allumettes. À force de respirer toutes ces saloperies, elle est tombée malade… Mais elle va guérir. J'vais l'emmener au bon air. Dans les Highlands… J'vais emmener toute ma famille dans les Highlands…

– C'est terrible, marmonna Luc.

– Et encore, nous on a de la chance, sourit Scottie. Nos parents, y sont chics… Y'en a beaucoup, y vendent leurs enfants…

# 23

## TOI QUI FRANCHIS CETTE LIMITE, ABANDONNE TOUT ESPOIR !

– On est arrivés, dit Scottie tandis que le petit groupe pénétrait dans la cour de Dutfield Yard.

Le chef de bande souleva la trappe et donna quelques consignes :

– On se sépare sous aucun prétexte ! On garde toujours un œil derrière soi ! Et si, par malheur, y'en a qui remontent pas… Les autres veilleront sur leur famille… On le jure !

Les Irregulars hochèrent gravement la tête, puis ils levèrent la main droite en prêtant serment. Pour sceller le pacte, Scottie distribua à chacun une pincée de tabac que les gamins s'empressèrent de renifler.

– C'est quoi ça ? demanda Luc, méfiant.

– Du tabac à priser, du tabac qu'on respire, expliqua Brett en aspirant la poudre. Il éternua violemment.

Herbert George fit de même puis cracha une glaire marron.

– Heu… Non merci ! balbutia Arthur.

Un silence de plomb s'abattit sur Dutfield Yard. Scottie foudroya du regard les frères Céracq, puis il se mit à parler très vite, en les menaçant de l'index :

– Priser le tabac ensemble, c'est une cérémonie. C'est sacré ! Si on le fait pas, ça porte malheur… Si vous refusez, on descendra pas !

Luc soupira :

– On n'a pas le choix, Arthur…

Les deux garçons tendirent la main pour recevoir leur « dose ». Ils aspirèrent d'un coup ; Luc crut que ses sinus allaient exploser ; les yeux d'Arthur devinrent tout rouges et se mirent à couler.

Scottie leur asséna à chacun une grande claque dans le dos :

– Maintenant que vous avez prisé le tabac de John Monroe, vous faites partie des Irregulars.

– Qui est John Monroe ? demanda Luc.

– C'est un type qui a été pendu l'année dernière. Je suis allé à la morgue et pendant que les croque-morts étaient occupés ailleurs, j'ai pris sa tabatière dans sa poche… Les objets de pendus, c'est comme les pattes de lapin ou les trèfles à quatre feuilles, ça porte chance…

Arthur et Luc perdirent leurs dernières couleurs.

– Maintenant, allumez vos torches, commanda Scottie.

Il sortit de sa besace un morceau de bois entouré d'un chiffon trempé dans du pétrole. Il gratta une allumette, le tissu s'enflamma.

– En route !

D'abord il y eut l'odeur, comme s'ils venaient d'enfoncer la tête dans un bocal d'œufs pourris. Et puis l'humidité mouilla leur nuque, traversa leurs vêtements, pénétra leurs os.

À la lumière des torches, les silhouettes des enfants se projetaient sur les murs, déformées, tremblotantes, bataillon de gnomes maléfiques. Ils avançaient lentement, pour ne pas glisser dans la rivière sale qui charriait des ordures. Mais ils avançaient sûrement : Scottie était un bon guide. À chaque embranchement, il s'arrêtait pour se repérer puis il entraînait à nouveau sa troupe. Soudain, il s'immobilisa et il éteignit sa torche en la plongeant dans l'eau dégoûtante ; ses compagnons l'imitèrent.

– Nous sommes tout près… murmura Scottie. Écoutez !

Ils tendirent l'oreille. Ils percevaient un brouhaha et quelques notes de musique.

– Maintenant, plus un mot, ordonna Scottie. On rase les murs…

Les enfants progressaient le dos collé à la paroi glaciale. Luc fixait le bout de ses chaussures ; de temps en temps, une longue queue de rat ridait la surface de l'eau.

L'équipe atteignit le bout du tunnel ; ils débouchèrent sur une corniche surplombant un trou béant. La musique et les éclats de voix provenaient d'en bas. Scottie s'allongea sur le sol couvert de gadoue ; les autres l'imitèrent. En se penchant légèrement, chacun découvrit le spectacle : les étroits boyaux des égouts débouchaient sur une carrière, une cathédrale de pierre. Étoiles mortes, les flammes d'une multitude de chandeliers scintillaient dans ce ciel de granit. Des niches avaient été creusées à même la roche : elles abritaient des statues à tête de mort, les mains jointes en position de prière. Le Dieu qui régnait en ces lieux s'appelait « Seigneur des Ténèbres ».

D'inquiétantes silhouettes peuplaient cet abîme. Des hommes, portant foulard sur la gorge et cordelette d'étrangleur à la ceinture, jouaient aux cartes ; d'autres vidaient des bouteilles de gin à même le goulot, l'alcool ruisselant sur leurs joues mal rasées. Un peu à l'écart, d'autres excitaient des chiens ; lorsque la bave moussait sur les babines, ils les lâchaient sur des rats d'égout qui leur sautaient à la gorge. Des rires hystériques de femmes se répercutaient en écho sur l'arche minérale.

Une autre clan occupait la place. Vêtus de redingotes et de capes de soie noire, les visages de ces gardiens de la terreur étaient dissimulés par des masques blancs aux longs becs, ceux-là même que portaient les médecins pour se protéger de la peste. Oiseaux de proie, oiseaux de malheur. Et au milieu, trônait leur empereur. *Il* était là. Jack ! Jack l'Éventreur !

– C'est mon cauchemar, murmura Arthur. C'est l'homme de mon cauchemar !

– Mort ou vif ? interrogea Scottie.

– Pardon ? répondit Luc.

– L'Éventreur, tu le veux mort ou vivant ? précisa Scottie en relevant la jambe droite de son pantalon : noué autour de son mollet, un mouchoir taché retenait un couteau à lame dentelée. D'ici, je peux l'avoir.

Scottie s'empara du poignard par la pointe. Il leva l'arme au-dessus de son épaule et fit mine de viser en fermant un œil.

– Attends !

Luc retint son bras.

– Attends quoi ? s'énerva Scottie.

– On ne tue pas les gens comme ça, bafouilla Luc… Et si ce n'était pas lui ?

– Je vois, grimaça Scottie. C'est quoi le plan, alors ?

– Le plan, c'est debout, les mains derrière la tête, intervint une voix rauque. Et jette-moi ce couteau, toi ! ordonna l'homme en frappant Scottie, du plat de la main, en plein visage.

L'enfant roula dans la boue ; il leva l'avant-bras pour se protéger et cracha une chique rouge.

Les Irregulars se relevaient, les jambes tremblantes, soudés les uns aux autres par la peur. Arthur et Luc, sales, les cheveux collés, les vêtements déchirés, ne se distinguaient plus de leurs camarades : le sang dans la bouche, la braise dans le ventre, le plomb dans le cœur.

Encadrés par d'inquiétants personnages, ils se mirent en marche. Mains sur la nuque, ils descendirent les escaliers taillés dans la pierre. En bas, les visages s'étaient tournés vers eux ; avec appétit.

Le groupe passa sous une voûte. Avant même d'avoir été jugés, une inscription gravée y énonçait le verdict pour les Irregulars : TOI QUI FRANCHIS CETTE LIMITE, ABANDONNE TOUT ESPOIR !

# 24

## LE VÉRITABLE VISAGE DE JACK L'ÉVENTREUR

*Il* était beau. Très beau.

*Il* se leva ; les corbeaux qui le protégeaient avaient replié leur cape. Sous ces ailes de géants, scintillaient des sabres d'argent.

*Il* s'avança vers les enfants, tendit la main :

– Enfin ! dit-il, en ôtant ses gants.

Le cercle des oiseaux noirs s'enroulait autour d'eux, ronde hypnotique. Luc ferma les yeux.

– Viens avec moi, Luc, et tu pourras continuer à jouer. Pour toujours, disait la voix.

– Qui êtes-vous ? demanda-t-il en essayant de lutter.

– Je suis… Celui qui joue aux dés… s'amusa la voix, douce.

Des dés géants roulaient devant les yeux de Luc, renversant au passage ses camarades, comme des quilles mal lestées.

– Je ne comprends pas…

– Alors, regarde ! ordonna Jack, en écartant les bras, maestro d'une symphonie infernale.

Luc et les Irregulars tombèrent à genoux au milieu du cercle. Une tornade transperça leur cerveau, comme une vis géante. Les images tournaient, en boucle ; chaque parole de l'Éventreur en annonçait une nouvelle. Plus violente. Plus désespérée.

–Tu vis dans un monde absurde et obscur, Luc, clama l'Éventreur. Le voici, ton univers : nous naissons et nous mourons. Entre ces deux moments de hasard, règne la loi du plus fort. Contrairement à toutes les sornettes qu'on t'a racontées, dans ce monde, les méchants ne sont pas toujours punis ; seuls les imbéciles qui se font prendre le sont… Les gentils, eux, peinent, souffrent, tombent malades, perdent les êtres qu'ils aiment, espèrent sans être jamais exaucés… Épidémies et guerres tuent les innocents… Dans ton monde, les parents n'aiment pas toujours leurs enfants ; les personnes âgées meurent seules, abandonnées par les filles qu'elles ont tant gâtées ; les meilleurs amis se trahissent ; le fils vole sa mère et l'amour ne dure jamais toujours… Renonce ! Renonce à tes illusions ridicules, Luc… On t'a menti ! Dans ton monde, rien n'est juste…

– C'est vous qui mentez ! sanglota Luc, les mâchoires soudées.

L'Éventreur s'approcha de lui et lui caressa les cheveux ; l'enfant eut l'impression qu'un piolet de glace lui transperçait le crâne.

– Rêves, vœux de bonheur et de paix… Tout ce que les enfants se promettent pour leur vie future, le cœur vaillant, gonflé d'espoir… Que deviennent le courage, la générosité, la fraternité, Luc, lorsque les enfants « franchissent la limite », lorsqu'ils deviennent adultes ?

D'un doigt, *Il* lui releva le menton et lui souffla son haleine glacée en plein visage :

– Au fond de toi, Luc, tu le sais, tu le sens... Lorsque les enfants « franchissent la limite », ils rejoignent le néant ! Une fois l'écran de fumée des jeunes années dissipé, il ne reste rien ! Rien qu'un bout de chemin, long ou court, selon ton hasardeux destin. Ce rien, ce vide, cet hiver, je les ai montrés à Michaël, à ta mère, à ton petit frère... Je les ai confrontés à leur sort d'adulte : une vie morne, ponctuée de quelques malheurs, puis une mort programmée de marionnette. Une duperie, une tricherie, rien que quelques coups de dés...

– Taisez-vous ! Sortez de ma tête ! hurla Luc en tentant de se remettre debout.

– Sois raisonnable ! Dans la vie, il faut faire un choix : soit tu jettes les dés, soit « on » les jette pour toi... Mary Jane Kelly, Mary Ann Nichols, Annie Chapman, toutes mes victimes... J'ai jeté les dés pour elles... J'ai *vraiment* joué leur mort, avec deux dés... Moins de six, elles restaient en vie. Plus de six, je les raccompagnais au logis... Je sers mon plaisir, Luc. J'ai envie d'une chose, je la prends. Elle ne me plaît plus, je la jette. Je formule un souhait, je l'exauce. Je lance les dés, Luc. Je n'attends pas qu'on les lance pour moi. Je n'attends pas qu'on m'abatte sur une route d'Afrique, comme un chien...

– Vous êtes un monstre !

– Eh oui ! Mais pendant que je m'amuse, toi, tu souffres... Et tu pleureras des larmes de sang toute ta vie, si tu choisis le camp des faibles. Allons, un peu de courage, lance les dés, Luc ! On t'a fait du mal, rends coup pour coup ! Regarde au fond de ton âme : reconnais-moi !

Luc ne voyait déjà plus le corps sans vie de son frère, ni ceux de ses jeunes amis. L'Éventreur avait raison : il n'avait plus rien à espérer, plus rien à perdre. De coup de dés en coup de dés, « on » lui avait tout volé…

Chevalier fatigué, genou en terre, Luc Céracq tendit la main vers son destin. « Le cristal qui fait la vie belle » avait blessé sa paume ouverte : une plaie profonde, une longue et belle ligne de vie.

– La vie est ce qu'on en fait, mon fils ! La voix de Simon Céracq résonnait par-delà l'oubli. Naître, grandir, vieillir et mourir… C'est l'œuvre, à la fois grande et misérable, à laquelle les humains doivent travailler chaque jour. Apprendre. Transmettre. Faire de son mieux. Y mettre tout son cœur. Réussir. Échouer… Au final, des villes voient le jour ; des maladies sont vaincues ; des églises et des temples sont bâtis ; des peuples espèrent ; des tyrans sont renversés ; des hommes et des femmes s'aiment…

Sur les corniches, derrière les colonnes, en levant les yeux vers leur ciel sans lune, les oiseaux de l'Éventreur cherchaient, incrédules, d'où venait la voix.

– Vous n'êtes pas nés du hasard, ni toi, ni ton frère, continua Simon : vous êtes nés de l'amour. Et mon histoire n'est pas achevée, Luc. Chaque fois que vous pensez à moi, vous continuez à l'écrire. Lorsque vous parlerez de moi à vos enfants, un autre chapitre s'inscrira. Ils porteront mon nom, le tien, le vôtre, mes fils. J'ai germé et vous germerez aussi. Je ne suis plus vivant, Luc, je suis immortel !

Luc regarda Jack : à la racine des cheveux, sur l'arête du nez, la pourriture commençait à ronger le masque si séduisant.

– Désolé, j'ai déjà un père, dit l'adolescent en se remettant debout au centre du cercle.

– Alors… Poison, poignard ou pendaison… Je vais jouer ta mort aux dés ! hurla l'Éventreur.

Une main retint son poignet.

– Qu'est-ce que ??? bafouilla l'Éventreur.

– Laissez-les partir, ordonna Andrew, sans relâcher son étreinte.

Luc regardait l'homme de confiance de son grand-père, comme s'il avait surgi d'un chapeau de magicien.

– Comment oses-tu ? gronda l'Éventreur, tandis que les oiseaux reformaient le cercle. Je t'ai fait sortir de prison, je t'ai nourri, je t'ai éduqué, je t'ai protégé…

– Et en retour, je vous ai servi loyalement pendant vingt-cinq ans… répondit Andrew sans fléchir. Pour vous, j'ai menti, j'ai espionné, j'ai volé et bien pire, vous le savez…

– Eh bien continue, imbécile ! Qu'est-ce qui te prend ?

Jack dégagea son poignet d'un coup sec. Les oiseaux tournoyaient de plus en plus vite autour d'Andrew ; les sabres d'argent étaient sortis des fourreaux.

– Vous n'avez jamais vu que du mauvais en moi, maître… Le professeur, lui, y a vu du bon. Il a pensé que je pouvais devenir quelqu'un de bien. Il m'a redonné espoir…

*Il* éclata de rire :

– Rassure-moi, Andrew… Chaque année, vous n'écriviez quand même pas une lettre au Père Noël… Tuez-le ! ordonna-t-il.

– Épargnez Luc et Arthur, implora Andrew, tandis que la volée d'oiseaux se refermait sur lui. Ces enfants sont votre sang, maître ! Ils sont les fils de l'Éventreur…

– Mon fils David m'a renié, cria Jack. Les fils de mon fils m'ont trahi ! J'ai une vengeance à accomplir…

Jack n'était plus qu'à quelques mètres de Luc ; il sortit un poignard et fit jouer la lame devant les yeux de l'adolescent :

– Les dés ont parlé, déclara-t-il.

Une détonation ébranla la cathédrale de pierre. Les oiseaux avaient reculé ; les tripes de trois d'entre eux étaient répandues sur le sol.

La silhouette d'Andrew apparut au milieu d'un nuage de fumée âcre : il tenait une poignée de bâtons de dynamite à la main. D'un bond, il ceintura l'Éventreur. Les deux hommes roulèrent à terre ; le poignard se leva, frappa ; un bras se releva, une flamme se refléta ; à nouveau, la lame goûta le sang… Les souffles, les cris, la poussière…

La lutte s'arrêta ; presque avec douceur. L'Éventreur se remit debout en chancelant ; à terre, le corps d'Andrew n'abritait déjà plus son âme. Et sur la nuque de cet ancien bagnard, le serpent n'entrelaçait plus la croix… Andrew avait fait effacer ce symbole de vengeance. Il ne lui restait plus tatoué que celui du pardon.

Jack se tourna vers Luc, il avança de quelques mètres. *Il* s'arrêta, porta la main à son ventre et, incrédule, regarda ses doigts rouges et poisseux. *Il* leva son visage vers un ciel sans dieu et s'effondra :

– David, David… appela Jack.

Luc hésita, puis il s'approcha, la bouche sèche, jetant des coups d'œil inquiets autour de lui. Il s'agenouilla auprès du criminel qui terrorisait Londres depuis des mois. Les yeux de l'Éventreur se voilaient ; il leva la main vers le visage de Luc, lui effleura la joue.

– Mon petit David, implora-t-il. Personne ne m'a jamais aimé… J'aurais tellement voulu qu'au moins toi, mon fils…

La main retomba lourdement. Jack l'Éventreur venait de pousser le portail de l'enfer.

Hagard, Luc contemplait ce visage figé par la mort ; autour de l'adolescent, le ballet tragique des oiseaux avait repris. Quelques malfaiteurs s'étaient joints au cortège funèbre : la bande de Jack s'apprêtait à faire justice.

– Dégagez, sales vautours ! s'écria Scottie en agitant sous leur nez des bâtons de dynamite dont il avait allumé la mèche.

L'un d'eux continuait à avancer ; Scottie envoya un bâton à ses pieds : la cape fut déchiquetée, le chapeau haut de forme s'envola et retomba en tourbillonnant. Sous le masque arraché, il y avait eu un jeune homme. Et qui pour le pleurer ?

– Y'a un autre volatile à plumer ? demanda Scottie, qui avait été rejoint par les autres Irregulars.

La menace fit l'effet d'un coup de pied dans une fourmilière : les gueux, pitoyables, détalèrent en lançant des jurons.

Luc n'avait pas bougé. Arthur s'agenouilla à côté de son frère et lui passa un bras autour des épaules.

– On s'est tous réveillés d'un coup, expliqua Scottie en agitant sa main devant les yeux de Luc. Ouh ! Ouh ! Tu m'entends, milord ?

Luc détourna le regard du cadavre de l'Éventreur et fixa tour à tour chacun de ses amis :

– Je croyais que vous étiez…

Sur le visage crasseux de Luc, les larmes dessinaient des traces claires.

– On l'était seulement un petit peu, conclut Arthur.

– Quand l'Éventreur est mort, je pense que nous avons été libérés, expliqua Brett en aidant Luc à se remettre debout.

– Restait plus qu'à cueillir la dynamite qui avait poussé sous nos pieds, fanfaronna Scottie.

Luc avait du mal à tenir debout ; Herbert George aida Brett à le soutenir.

– Mais alors, balbutia Luc… Si vous êtes vivants, maman ???

Les Irregulars le regardaient sans comprendre.

– Tu crois ? demanda Arthur, la bouche sèche.

– J'en suis sûr… Allez, on va la chercher ! On rentre chez nous !

Luc se mit à marcher, à petits pas, suivi par ses camarades. La troupe passa sous la voûte qui portait l'inscription : TOI QUI FRANCHIS CETTE LIMITE, ABANDONNE TOUT ESPOIR ! Luc s'arrêta :

– Il te reste de la dynamite ? demanda-t-il à Scottie.

Le chef des Irregulars sortit une brassée de bâtons rouges de ses poches.

– Je veux être certain que la malédiction s'arrêtera là, murmura Luc en allumant une mèche. Il lança le bâton au pied d'une colonne qui s'effondra, entraînant dans sa chute d'énormes blocs de pierre. Vas-y Arthur, dit-il en donnant un autre bâton à son frère. Lance aussi loin que tu peux…

Quelques minutes plus tard, au milieu d'un nuage de poussière, les enfants se faufilaient dans les étroits boyaux, direction la sortie. Juste avant de poser le pied sur l'escalier qui menait à l'air libre, Luc se retourna. Il balaya du regard les égouts, le tombeau de l'Éventreur ; et, à pleins poumons, il lança son cri de guerre :

– Nous sommes les frères Céracq ! Nous sommes les fils de Simon ! Compris ?

En se répercutant sur les murs, l'écho enfla, porté par les langues des courants d'air.

# 25

## LES CHEVEUX BLANCS D'UNE MÈRE

Ils débouchèrent dans la cour de Dutfield Yard ; maculés de boue et dégouttant d'eau, ils grelottaient.

Comment se dire qu'on ne se reverra jamais ? Et comment se dire qu'on ne s'oubliera jamais ?

– Il te reste un peu de tabac de John Monroe ? demanda Luc à Scottie.

Le chef des Irregulars sortit sa tabatière et déposa une grosse pincée dans la paume de Luc :

– Ce fut un honneur, milord… déclara-t-il.

Chacun cracha, puis tous se serrèrent la main.

Lorsque Brett, Arthur et Luc se retournèrent une dernière fois pour saluer les Irregulars, le brouillard de Londres les avait déjà avalés.

Herbert George prit congé à son tour ; il était pressé de rédiger son article. Lui qui avait vécu une enfance très modeste, entre un père drapier et une mère femme de chambre, grâce à ce scoop, il entrevoyait enfin un avenir plus radieux.

Luc, Arthur et Brett se hâtaient maintenant à travers les ruelles étroites. N'y tenant plus, les frères Céracq se mirent à courir : au bout de la route, il y avait un de ces matins magiques, lorsqu'ils pensaient que le Père Noël était passé dans la nuit ; lorsque qu'ils croyaient encore…

Elle était là, sur le pas de la porte, pâle, amaigrie, les cheveux en bataille. Indifférente à l'attroupement de curieux suscité par sa combinaison et ses lunettes d'extraterrestre, Juliet venait visiblement d'atterrir du XXI^e siècle… Lorsqu'elle les aperçut, Juliet courut à leur rencontre. Elle qui les avait portés pendant toutes ces années, elle se laissa soulever par ses deux fils. Ses cheveux étaient tout blancs. Luc regarda la petite fille aux yeux bleus et la prit par le bras :

– Rentrons maman, il fait froid.

Lord Wolf était lui aussi dehors. Brett ôta son chapeau, le lança en direction de son père ; le haut-de-forme vint s'accrocher dans la grille devant la maison :

– Yaouh ! Encore gagné, dit le jeune homme en se jetant dans les bras de l'Explorateur.

Lorsque tout le monde entra, un inconnu vint à leur rencontre ; âgé d'une quarantaine d'années, il s'appuyait sur une canne et, malgré le peu de luminosité, il portait ses lunettes noires.

Juliet se précipita pour le soutenir :

– Si nous sommes revenus, c'est que vous avez tué Jack… Vous l'avez tué, n'est-ce pas ? demanda-t-elle, tremblante.

– Et enterré ! s'exclama Luc, en regardant son oncle.

– Mer-ci ! ânonna Michaël J. Treachery. Mer-ci !

Dorothy Sweany apparut ; en découvrant les enfants crottés, en loques, dégoulinant sur les tapis persans, la gouvernante lâcha son plateau. L'argenterie qu'elle était en train de récurer s'éparpilla à travers le salon :

– Sainte Marie Tudor ! Ces enfants vont attraper la tuberculose et peut-être même le scorbut et la malaria…

Elle détala et réapparut un instant plus tard, les bras chargés de couvertures et armée d'une brosse en crin de cheval à long manche :

– Le bain est prêt, décréta-t-elle. À qui vais-je frotter le dos en premier ?

# 26

## PAR-DELÀ LA MORT, SIMON CÉRACQ TIENT SA PROMESSE

Le lendemain matin, après une courte nuit de sommeil, la maisonnée avait reçu la visite de Herbert George ; le journaliste était complètement abattu :

– Lorsque j'ai raconté notre aventure au rédacteur en chef du *Star*, il m'a ri au nez en me traitant de fou. Et avant de me mettre à la porte, il a ajouté : « Vous avez beaucoup d'imagination, jeune homme. Vous devriez écrire des romans plutôt que des articles… »

Devant la mine accablée de Herbert, lord Wolf réagit :

– Votre rédacteur en chef n'a peut-être pas tort, jeune homme, dit-il avec un air malicieux. Nos concitoyens ne sont pas prêts à entendre certaines choses. En revanche, si vous prétendez qu'il s'agit d'une fiction… Accompagnez-moi dans mon laboratoire, j'ai quelque chose à vous montrer…

Et c'est ainsi qu'en 1895 paraîtrait sous le titre *La Machine à explorer le temps* le premier roman de Herbert George ; à ses deux prénoms, il rajouterait le nom de son père, Wells. H. G. Wells.

Dans le lointain, le carillon de Big Ben égrenait la ronde des heures. Il était temps de partir. L'un après l'autre, Michaël et Juliet s'étaient glissés dans le caisson pour le grand voyage. Désormais, c'était le tour des frères Céracq. Brett leur tournait autour sans pouvoir dissimuler son excitation :

– Père a dit oui ! Je pourrai venir vous voir aux prochaines vacances...

– N'oublie pas ta chemise de nuit en dentelles, plaisanta Luc.

– J'y penserai... milord.

Luc regarda son ami : ils échangèrent une poignée de mains qui valait bien des mots.

Philipp Wolf refermait avec précaution le couvercle sur Arthur et Luc.

– Monsieur ! l'arrêta Luc. Êtes-vous déjà allé dans le futur ? Je veux dire, plus loin que notre époque ?

– Oui...

– Et qu'avez-vous vu ?

– Des choses tellement incroyables, aux yeux de mes confrères scientifiques, que j'ai préféré ne les raconter qu'à quelques... écrivains... Certains me doivent déjà d'excellents romans...

– Qui ? interrogea Luc, troublé.

– Secret professionnel, mon garçon..., répondit l'Explorateur en refermant la machine à explorer le temps.

À l'atterrissage, le comité d'accueil était nombreux, tous les collaborateurs de sir Patrick J. Treachery ayant tenu à fêter les jeunes héros.

– Bonjour professeur, salua Luc lorsqu'il s'extirpa du caisson. Je suis content que vous alliez mieux.

– Appelle-moi « grand-père », s'il te plaît, et toi aussi Arthur, demanda le vieil homme assis dans un fauteuil roulant.

Juliet, Michaël et les deux enfants se groupèrent autour de Patrick ; le docteur Blake sortit un appareil numérique pour immortaliser l'instant. Il ne manquerait que vingt-sept années dans l'album de photos de la famille J. Treachery.

Tout le monde se dirigea vers l'ascenseur ; Luc poussait le fauteuil de sir Patrick :

– Andrew est mort, annonça l'adolescent sans cesser de marcher.

– Je sais, Juliet m'a prévenu, répondit sir Patrick J. Treachery en regardant droit devant lui.

– Il s'est sacrifié pour nous sauver. Il l'a fait pour vous, ajouta Luc en donnant la médaille de l'archange Mébaël au professeur.

Patrick sortit de son gilet un petit carnet noir dont les feuilles étaient retenues par un élastique ; il les tourna puis s'arrêta sur une note : « Londres, 18 novembre 1888 : rencontre avec Andrew Backstreet, évadé de la prison de New Gate. Sujet dangereux, plusieurs crimes et délits à son palmarès, aucun sentiment de remords ou de culpabilité. Patient particulièrement intéressant, puisque représentatif d'une époque et d'un milieu disparus… Ramené pour étude. »

– Lors de mon premier voyage dans le temps, il y a vingt-cinq ans, j'ai rencontré Andrew Backstreet dans un pub. J'ai longtemps cru l'avoir croisé par hasard. En fait, l'Éventreur l'avait placé sur ma route, pour m'espionner. Andrew m'a avoué la vérité il y a peu de temps, lorsque vous êtes arrivés, lorsqu'il a découvert que Jack s'en prenait à Arthur…

Sir J. Treachery tenait la chaîne du bijou et faisait tourner la médaille à hauteur de ses yeux :

– Depuis très longtemps, Andrew ne voulait plus *Le* servir, mais il avait peur… continua-t-il.

– Il a dominé sa peur, croyez-moi.

– Il n'hésitait jamais à jouer du couteau ou du pistolet, tu sais… Dans sa chienne de vie, il n'avait pris que des coups. Son calvaire avait commencé au berceau : sa mère le louait à des mendiants qui n'avaient pas d'enfants ; ils se servaient de lui pour attendrir les bourgeois et récolter plus d'argent… J'ai essayé une autre thérapie : je lui ai fait confiance…

Sir Patrick toussa dans son poing :

– Et en entendant ce que tu me racontes, mon garçon, je pense qu'il était vraiment guéri, ajouta le professeur, songeur.

– Peut-être aussi qu'après toutes ces années, vous ne le considériez plus seulement comme un « rat » de laboratoire… remarqua Luc. Peut-être aviez-vous de l'affection pour lui et qu'il l'a senti.

Le professeur ne répondit pas ; il serra la médaille dans sa main. Le vieil homme connaissait par cœur la phrase qu'il y avait fait graver avant de l'offrir à

Andrew ; c'était un soir d'hiver, le vent tapait aux carreaux, la morsure du froid mutilait ceux que personne n'attendait nulle part. La voix d'Andrew s'était brisée lorsqu'il avait lu, sur le revers du bijou, la prière des enfants perdus : « Ma maison est la tienne. »

Les Treachery marchèrent quelques secondes en silence.

– Dis-moi, Luc… demanda sir Patrick. Comment… Comment était-*Il* ?

Luc revit le visage de celui dont il porterait à jamais quelques traces dans son ADN :

– Seul… Jack l'Éventreur était seul, grand-père…

Arthur et Luc étaient allés dans leur chambre pour se changer et faire un brin de toilette avant le dîner.

– Arthur, viens voir !

Luc avait ôté le bandage qui protégeait sa main blessée : dans sa paume miraculeusement cicatrisée, sa ligne de chance s'était fondue dans sa ligne de vie ; elle en épousait parfaitement le tracé.

L'adolescent regarda le portrait de son père, qui ne vieillirait jamais. Par-delà la mort, Simon Céracq avait tenu la promesse que font tous les parents à la naissance de leur enfant : lui rendre la vie plus belle. Pour toujours.

## DANS
## LA MÊME
## COLLECTION

Claudine Aubrun
*Les Contes de la bisbille*

Marie Bertherat
*N, princesse rebelle*

Ricardo Gomez
*Œil de Nuage*

Katherine Hannigan
*Ida B.*

François Leterrier
*Rue Charlot*

Nicole Parrot
*Treize étranges histoires*

Rosa Amanda Strausz
*Un garçon comme moi*

RÉALISATION : NORD COMPO À VILLENEUVE-D'ASCQ
DÉPÔT LÉGAL : OCTOBRE 2007
ACHEVÉ D'IMPRIMER EN SEPTEMBRE 2007
SUR LES PRESSES DE RODESA EN ESPAGNE